기도 바로

바른 삶을 세우는 바른 기도 세우기

기도 바로

1쇄 발행 2018년 11월 15일

지은이   양승헌
펴낸이   고종율

펴낸곳   주) 도서출판 디모데 〈파이디온선교회 출판 사역 기관〉
등록   2005년 6월 16일　제 319 - 2005 - 24호
주소   서울특별시 서초구 서초대로 141-25(방배동, 세일빌딩)
전화   마케팅실 070) 4018-4141
팩스   마케팅실 031) 902-7795
홈페이지 www.timothybook.com

값 13,000원
ISBN 978-89-388-1640-5　03230
ⓒ 주) 도서출판 디모데 2018 〈Printed in Korea〉

바른 삶을 세우는 바른 기도 세우기
기도 바로

차 례

들어가는 말 7

- [ ] 1 거꾸로　　　　　　　　　　　　　　11
- [ ] 2 기대하며　　　　　　　　　　　　　27
- [ ] 3 꽉 붙들고　　　　　　　　　　　　49
- [ ] 4 끈질기게　　　　　　　　　　　　65
- [ ] 5 항상　　　　　　　　　　　　　　89
- [ ] 6 따로　　　　　　　　　　　　　　109
- [ ] 7 첫 번째로　　　　　　　　　　　　127
- [ ] 8 때로 금식하며　　　　　　　　　　145
- [ ] 9 함께　　　　　　　　　　　　　　161
- [ ] 10 이어받게　　　　　　　　　　　　173

	11 감사함으로	187
	12 위하여	201
	13 구체적으로	219
	14 내맡기고	233
	15 속을 위해	249
	16 성령으로	271

나오는 말   285

들어가는 말

크리스천은 그리스도를 믿고 사는 사람입니다. 예수님을 믿는 믿음은 우리가 죽은 다음 천국에 가기 위해서만 필요한 것이 아닙니다. 그 믿음은 매일매일 창조주 하나님과 연결된 삶을 살기 위해 절대적으로 필요합니다. 그러므로 크리스천의 믿음은 단지 영적인 삶을 시작하기 위한 것이 아니라 매일을 살아가는 크리스천의 삶의 방법이자 원리, 자산이어야 합니다. 이런 믿음의 삶을 살아가는 데 가장 핵심적인 요소는 기도입니다.

기도는 답입니다. 그러나 나는 이 은혜로운 말에 찬물을 끼얹는 한마디를 더 하겠습니다. 기도는 답이지만, 독이 될 수도 있습니다. 아이러니하게도 기도 때문에 많은 사람이 영적인 성장을 멈추고, 심지어 파산에 이르는 것을 보았기 때문입니다. 기도는 탯줄처럼 우리를 하나님과 연결하여 영적인 삶을 유지하게 하는 결정적 통로입니다. 그러나 어떻게 기도하느냐가 더 결정적인 문제입니다. 모든 종교에는 기도가 있습니다. 그러나 크리스천에게는 이교도들은 알지 못하고 알 수도 없는 다른 기도가 있습니다. 하나님의 사람들이 하나님 없는 이들과 같은 종류, 같은 방식, 같은 개념의 기도를 하면, 인격과 삶에서 예수님을 닮고 자라며 변화되는 일에 치명적 손상을 입게 됩니다. 잘못된 기도로 우리의 영적 성장판이 손상될 수 있기 때문입니다.

한 가지 예를 들어볼까요? 나의 옛 친구 한 명이 기도했던 방식이 그것을 잘 보여줍니다. 그는 나보다 훨씬 어린 나이에 교회에 발을 들여놓았습니다. 어느 날 그의 삶에 위기가 찾아왔습니다. 상황은 점점 더 절박한 상황으로 치달았습니다. 이런 궁리 저런 방법을 다 고민해보았지만, 돌파할 길이 보이지 않았습니다. 그래서 그는 마지막으로 예수님께 기도해봐야겠다고 결심하고 기도원으로 올라갔습니다. 나름 절박한 마음으로 도움을 요청했습니다. 그런데 문제가 생겼습니다. 예수님이 그가 원한 것을 그가 원한 때 그가 원한 방식으로 들어주지 않으신 것입니다. 그는 실망해서 말했습니다. "나도 기도해봤거든. 해봤는데도 안 되더라고!" 살아가며 이런 일이 몇 차례 반복되자 그는 잘못된 확신을 하게 되었습니다. '그래. 역시 기도란 목사들이 설교에서 말한 대로 그렇게 쉽게 응답받는 게 아니구나.' 그러고는 기도 무용론에 빠져버렸습니다. '차라리 내 노력으로 살고 말지.' 그래서 그는 기도를 중단해버리고 말았습니다. 기도에 대한 실망은 영적인 절망감으로, 절망감은 하나님에 대한 서운함으로, 서운함은 하나님에 대한 불신으로 바뀌었고, 그 불신 때문에 그는 하나님을 떠나고 말았습니다. 결국 예수님과 담을 쌓게 한 것은 잘못된 기도였습니다.

반대로, 기도가 바로 서면 믿음이 바로 서게 됩니다. 믿음이 바로 서면 인격이 바로 서고, 인격이 바로 서면 삶이 바로 서며, 삶이 바로 서면 가정이 바로 섭니다. 그리고 가정이 바로 서면 우리 사회도 바로 섭니다. 이렇게 본다면, 세상을 바로 세우는 가장 중요한 출발점이 어디입니까? 바른 기도입니다.

> 기도는 중요하지만, 어떻게 기도하느냐에 따라 그것은 영적 성장을 촉진하는 결정적 요소가 되기도 하고 성장을 가로막는 방해 요소가 되기도 한다.

나는 이 질문을 두고 오랫동안 씨름을 해왔습니다. 어떻게 기도해야 기도가 복이 되고 독이 되지 않을까? 기도가 답이 되고 해가 되지 않을까?

그 심각한 질문 때문에 이 책을 쓰기 시작했습니다. 우리는 바른 기도를 세워야 합니다. 바른 기도를 세우기 위해서는 '무슨 기도를 하는가' 하는 명사형 질문이 아니라, '어떻게 기도해야 하는가' 하는 부사형 질문에서 그 답을 찾아야 합니다. 나는 기도와 관련된 성경의 가르침을 연구하면서 바른 기도를 세우기 위해서는 최소 부사 열여섯 개를 탐색할 필요가 있음을 발견했습니다. 이 책은 그 열여섯 개 부사 혹은 부사구를 사용해 당신이 바른 기도를 세우도록 안내해줄 것입니다.

이 책은 여러 사람의 관심과 격려 속에서 빛을 보았습니다. 바른 기도에 대해 공부할 동안 여러 주석가, 여러 선배의 가르침을 받았습니다. 세대로교회 성도들에게 이 주제를 매주 가르치는 과정에서 더 실천적 가르침으로 잘 정리할 수 있었습니다. 세대로교회 성도들의 뜨거운 반응과 격려가 이 책에 깊이 스며들어 있습니다. 또 도서출판 디모데의 귀한 동역자들은 이 원고를 멋진 책의 형태로 담아냈습니다. 그뿐 아니라 늘 나를 위해 기도하고 함께 기도하며, 40년 동안 기도 학교 학생으로 자라고 있는 아내에게도 큰 빚을 졌습니다. 무엇보다 이 책을 손에 들고 읽기 위해 기꺼이 돈과 시간을 투자한 당신 덕분에 이 책에 가치와 의미가 새겨졌습니다. 감사합니다.

2018년 1월 1일

양승헌

1
거꾸로

너희가 내 이름으로 무엇을 구하든지 내가 행하리니 이는 아버지로 하여금 아들로 말미암아 영광을 받으시게 하려 함이라 내 이름으로 무엇이든지 내게 구하면 내가 행하리라.
요한복음 14:13-14

스무 살이 다 된 나이에 예수님을 따르기 시작하면서 가장 힘들었던 점은 다른 사람들 앞에서 소리 내어 기도하는 것이었습니다. 그것은 마치 외국어를 처음 배운 사람이 사람들이 듣는 데서 소리 내어 말하는 것만큼이나 두렵고 긴장되는 일이었습니다. 다른 사람들이 기도로 자기 생각을 자유롭게 하나님께 말씀드리는 것을 보면 정말 신기하고 부러웠습니다. 한번은 피할 수 없이 기도해야만 하는 상황이 되었습니다. 그때 분명히 처음으로 소리 내어 기도했지만, 무슨 내용으로 기도했는지는 전혀 생각나지 않습니다. 다만 두 가지는 지금도 생생합니다. 첫째는 많이 힘들었습니다. 심장은 두근거리고 속은 울렁거리며 머릿속은 하얗게 되어 아무 말도 생각나지 않았습니다. 입은 바싹바싹 마르고 소리는 목구멍 속으로 기어들어 갔습니다. 한국말을 배우지 못한 외국인보다 더 버벅거렸습니다. 둘째는 많이 창피했습니다. 기도를 끝내야겠는데 뭐라고 끝내야 할지 생각나지 않아 한참을 끙끙대다 나온 말이 "이만 줄이겠습니다. 안녕히 계십시오"였습니다. 얼굴은 홍당무가 되고, 손바닥에 땀이 고였습니다. 가뜩이나 민망한데 사람들의 킥킥대는 소리가 들려오자 직감적으로 무언가 잘못되었음을 깨닫고 쥐구멍이라도 있으면 도망치고 싶은 심정이 들었습니다. 그렇게 기도는 언제나 "예수님의 이름으로 기도합니다. 아멘" 하고 끝내야 한다는 것을 확실히 배웠습니다.

"예수님의 이름으로 기도합니다. 아멘."

크리스천들은 짧거나 길거나 자신들이 드린 기도 맨 끝에 이 말을 붙입니다. 그래야 기도가 완결되었다고 믿습니다. 그러나 '예수님의 이름으로 기도합니다'라는 말은 단지 내가 하나님께 전달할 기도가 끝났다는 표시가 아닙니다. 무전기로 의사소통할 때 한쪽에서 말하면 다른 한쪽에서는 말할 수 없기 때문에 한쪽의 말이 끝났다는 표시로 항상 끝에 '이상' 혹은 '오버'라고 말합니다. 많은 성도가 '예수님의 이름으로 기도합니다'라는 말을 하나님께 송신이 끝났음을 알리는 표시 정도로 이해하고 있습니다.

그런가 하면 신비주의 믿음이 있는 사람은 '예수님의 이름'을 일종의 영적 주문(呪文)처럼 사용하려 합니다. '예수님의 이름으로 명하노니 귀신아 썩 나가라!' 그러면 '예수님의 이름으로'라는 그 말 때문에 귀신이 쫓겨나간다고 믿고 있습니다. 성경에도 그런 예가 나옵니다. 바울 사도가 에베소에서 복음을 전할 때 성령님이 그를 통해 아주 강력하게 일하셨습니다. 바울이 작업할 때 덧입은 앞치마나 땀수

건만 가져다가 병든 자에게 올려놓아도 병이 나았습니다(행 19:12). 그것을 본 에베소의 많은 유대인은 '예수님의 이름'을 일종의 마술 주문으로 오해했습니다. 특히 돌아다니며 마술을 하는 유대인들은 바울이 하는 것을 보고, 병에 걸렸거나 악귀에 사로잡힌 사람들에게 그 주문의 능력을 사용하여 자신들의 영적 실력을 발휘하려 했습니다(행 19:13). '예수의 이름으로 명하노니 나가라!' 그러나 예수님을 믿지도 않는 사람에게는 예수님의 이름이 마법 주문 이상의 의미가 없었습니다. 바로 유대 제사장 스게와의 일곱 아들이 예수님의 이름을 그런 식으로 사용했습니다. "예수의 이름으로 명하노니, 나가라!" 그러자 귀신이 나가기는커녕 이 일곱 명에게 달라붙어 이들을 짓누르기 시작했습니다. 상황이 너무 급해서 이들은 옷을 훌러덩 벗은 채 맨몸으로 도망쳐야 했습니다(행 19:14-16).

예수님의 이름으로 기도한다는 표현은 그렇게 시시한 말이 아닙니다. 단지 기도를 마무리하는 형식 요소도 아니고, 그렇다고 신비한 영적 주문도 아닙니다. 이 말은 우리 크리스천의 기도를 모든 이방 사람이 예수님 없이 하는 기도와 구별하는 본질을 담고 있는 말입니다. 실상 이것은 우리의 이런저런 기도 쇼핑 리스트 맨 끝에 붙일 말이 아니라, 우리 기도의 맨 앞에 놓아야 할 말입니다. 바른 기도를 세우기 원하는 형제자매에게 제일 먼저 공유하고 싶은 기도의 요령이 이것입니다. 거꾸로 기도하십시오. 이것은 무슨 의미입니까? 바로 이것저것 달라고 구한 다음에 '예수님 이름으로 기도합니다'라고 하지 않고, 그 말을 자신의 기도 맨 앞으로 옮겨 기도하는 것입니다.

"예수님 이름으로 기도합니다. 올해는 짝을 만나 결혼할 수 있게 해주세요."

"예수님 이름으로 기도합니다. 부진한 사업에 돌파구를 열어주세요."

"예수님 이름으로 기도합니다. 성숙한 제자로 서게 도와주세요."

이렇게 거꾸로 기도하는 것이 왜 중요할까요? 여기에는 네 가지 이유가 있습니다.

우리 기도의 근거

첫째, 예수님의 이름으로 기도한다는 말이 우리가 기도하는 근거가 되기 때문입니다. 이 말은 무엇을 의미합니까? '하나님 아버지, 제가 지금부터 드리는 기도의 근거는 예수님입니다'라는 뜻입니다. 우리가 주 앞에 기도할 수 있고 하나님이 우리에게 응답해주실 근거는 우리에게 있지 않습니다. 우리의 어떠한 공로나 자격도 기도할 근거가 되지 못합니다. 즉 우리가 얼마나 절박한 상황에 있는지, 얼마나 기도에 대한 열정이 있는지, 얼마나 유창하게 혹은 많이 기도하는지가 하나님께 나아가 기도할 수 있는 근거나 하나님이 우리 기도에 응답해주셔야 할 근거가 되지는 못합니다. 우리 기도의 근거는 오직 예수님뿐입니다.

창조주 하나님이 먼지 같은 우리와 어떻게 상관하실 수 있게 되었습니까? 하나님의 전능이 우리 삶의 작은 필요와 어떻게 연결됩니까? 하나님이신 예수님이 이 땅에 오셔서 십자가에서 붉은 피를 흘리고 죽으심으로써 그 다리가 놓인 것입니다. 그러므로 우리가 무슨 기도를 하든지 그 기도의 법적 근거는 오직 예수님뿐입니다.

이렇게 '예수님의 이름으로' 기도하게 된 은혜를 전제하고, 우리 기도의 근거가 되는 예수님의 은혜를 기억하며 기도를 시작하면 기도하는 자세가 달라집니다. 자기 문제와 상황을 읊는 데서 기도를 시작하면, 불만과 염려와 걱정이 그 기도를 끌고 갑니다. 그러나 예수님의 이름으로 시작하면 황송하고 겸손한 마음이 그 기도를 이끕니다.

성경은 우리가 담대히 기도할 근거를 이렇게 말합니다.

> "그러므로 우리에게 큰 대제사장이 계시니 승천하신 이 곧 하나님의 아들 예수시라 우리가 믿는 도리를 굳게 잡을지어다 우리에게 있는 대제사장은 우리의 연약함을 동정하지 못하실 이가 아니요 모든 일에 우리와 똑같이 시험을 받으신 이로되 죄는 없으시니라 그러므로 우리는 긍휼하심을 받고 때를 따라 돕는 은혜를 얻기 위하여 은혜의 보좌 앞에 담대히 나아갈 것이니라"(히 4:14-16).

우리는 자신의 어떤 것 때문이 아니라 예수님의 은혜 덕분에 기도할 수 있습니다. 하나님은 예수님 때문에 우리를 만나주실 수 있습니다. 예수님은 우리 기도의 뿌리이자 근거입니다. 그것을 인식하고, 전제하며, 의식하고 기도를 시작하는 것이 바로 '거꾸로' 기도한다는 뜻입니다.

그러므로 정말 하나님을 기쁘게 해드리는 기도, 우리 자신이 행복해지는 기도를 하기 원한다면, 거꾸로 기도하십시오. 어떻게 하면 될까요? 먼저 문제와 상황부터 하나님께 들이대지 마십시오. 그렇게 하면 기도하는 마음의 자세가 비뚤어집니다. "하나님, 왜 저한테 이런 시련을 주시는 거예요? 제발 이 문제 좀 빨리 해결해주세요." 이런 원망과 불평의 자세로 하나님께 불만스러운 요구를 무례하게 주장하게 됩니다. 먼저 예수님으로부터 출발하십시오. "하나님이 제 아버지 되신 것에 감사드려요. 제가 하나님 자녀인 것이 감사해요. 이렇게 기도할 수 있는 특권이 있음에 감사해요. 예수님이 저를 위해 십자가에서 죽으심으로 이러한 특권을 얻었어요. 그 희생에 큰 감사를 드려요." 이렇게 예수님의 은혜를 기억하며 황송함과 감사함으로 기도를 열어야 합니다. 그것이 '예수님의 이름으로 기도합니다'라는 말을 맨 끝이 아닌 맨 처음에 놓아야 할 이유입니다. 지금까지 해온 것과 달리 '거꾸로' 기도하면, 기도할수록 우리 안에 감사가 커질 것입니다.

기도의 능력

둘째, '예수님의 이름으로 기도합니다'를 앞에 놓을 때 기도의 능력이 강화됩니다. 예수님은 우리 기도의 근거가 되실 뿐 아니라 기도의 능력이시기도 합니다. 거꾸로 기도할 때 우리 기도로 발휘되는 능력이 달라집니다.

문서에 누가 사인했느냐에 따라 그 문서의 무게가 달라집니다. 계장님의 사인보다는 과장님의 사인이, 부장님의 사인보다는 본부장님의 사인이, 그보다는 그룹 회장님의 사인이 더 무게가 있습니다. 회장님의 사인은 단지 종이 위에 쓰인 글씨가 아닙니다. 그것은 회장님의 의지와 힘입니다.

그처럼 예수님의 이름으로 기도한다는 것은 예수님의 의지와 권능이 우리의 기도에 실려 있음을 나타냅니다. 이것은 '하나님, 예수님의 사인이 난 이 기도를 올려드려요'라고 말씀드리는 것과 같습니다. 이렇게 거꾸로 기도할 때 우리 기도에 담기는 힘이 달라집니다.

기도를 시작할 때 혼자 막막하게 넋두리를 쏟아놓지 않아도 됩니다. 기도를 시작하는 순간부터 우리 마음속에서 바른 기도의 말, 생각과 방향을 인도하시는 회장님이 계시기 때문입니다. 그분은 바로 예수님입니다. 성경에 이런 말씀이 나옵니다.

> "죽으실 뿐 아니라 다시 살아나신 이는 그리스도 예수시니 그는 하나님 우편에 계신 자요 우리를 위하여 간구하시는 자시니라"(롬 8:34).

예수님은 육체로 하나님 우편에서 우리를 위해 중보하고 계십니다. 그리고 영으로는 성령으로 우리 속에서 우리가 마땅히 빌 바를 가르쳐주십니다. 성경은 말합니다. "이와 같이 성령도 우리의 연약함을 도우시나니 우리는 마땅히 기도할 바를 알지 못하나 오직 성령이 말할 수 없는 탄식으로 우리를 위하여 친히 간구하시느니라"(롬 8:26).

기도할 때 배워야 할 중요한 영적 레슨은 성령의 바람을 타는 법을 배우는 것입니다. 성령님이 지금 내게 떠올려주고 인도하시는 바를 따라 기도하는 것입니다. 기도는 내가 원하는 때, 원하는 방식으로, 내가 생각하는 최선의 것을 얻고자 하나님께 청구서를 들이미는 행위가 아닙니다. 오히려 예수님이 성령을 통해 끊임없이 내 영혼에 말씀하시고, 나는 그것에 따라 반응하는 대화입니다. 우리는 한 치 앞도 보지 못하는 사람입니다. 그러므로 무엇을 구하는 것이 가장 좋은지, 어떤 기도 응답을 받는 것이 좋은지 모릅니다. 그러나 모든 것을 아시는 분이 지금 성령을 통해 우리 기도를 인도하십니다.

힘 있는 기도를 하는 요령은 두 가지입니다. 첫 번째 요령은 우리 안에 계신 예수님(성령님)이 떠올려주시는 것을 기도하는 것입니다. 그러나 조심해야 할 점이 있습니다. 내가 원하는 것에 마음이 고정되면 아전인수(我田引水) 격으로 내 욕심을 성령의 음성으로 착각할 수 있습니다. 그래서 두 번째 요령을 붙들어야 합니다. 하나님의 말씀을 기준으로 그 생각이 성령의 생각인지를 분별해야 합니다. 말씀은 성령님이 우리에게 말씀하시는 통로입니다. 성경 구절을 많이 외우면 외울수록, 말씀의 지식이 많으면 많을수록 우리 기도는 강력해집니다.

기도의 목적

셋째, '예수님의 이름으로 기도합니다'라는 말을 앞세워야 하는 이유는 그것이 기도의 목적을 명확하게 해주기 때문입니다. '예수님의 이름으로 기도합니다'를 앞세우고 거꾸로 기도하십시오. 그래야 '지금 드리는 기도의 목적은 바로 예수님입니다'라는 전제를 분명히 하고 기도할 수 있습니다. 이렇게 거꾸로 기도할 때 그 목적이 완전히 달라집니다.

우리는 우리 자신을 지향하는 기도를 할 때가 많습니다. 나를 기도의 목적으로 삼아 '나를 위해 이렇게 저렇게 주십시오'라고 요구하듯 말합니다. 그러나 거꾸로 기도하면 기도의 목적이 내가 아닌 예수님께로 넘어갑니다. 내가 소원하는 것을 받아내는 데서 예수님의 영광과 목적, 뜻을 이루는 데로 중심이 이동되는 것입니다.

예수님이 제자들과 우리에게 가르쳐주신 주기도에는 여섯 가지 간구가 나옵니다.

> "이름이 거룩히 여김을 받으시오며
> 나라가 임하시오며
> 뜻이 하늘에서 이루어진 것같이 땅에서도 이루어지이다
> 오늘 우리에게 일용할 양식을 주시옵고
> …우리 죄를 사하여 주시옵고

…시험에 들게 하지 마시옵고 다만 악에서 구하시옵소서"

(마 6:9-13).

문법 구조로 보면, 이 여섯 간구 중 처음 세 가지는 예수님을, 나중 세 가지는 나를 위해 하는 간구처럼 보입니다. 그러나 영적 구조로 본다면 그렇지 않습니다. 맨 처음 기도, '주님의 이름이 거룩히 여김을 받으시기 원합니다'에 나머지 다섯 가지가 다 걸려 있습니다. 하나님의 이름이 거룩히 여김을 받으시길 위하여 나를 다스려주시기를 구하는 것입니다. 하나님의 이름이 거룩히 여김을 받으시길 위하여 주의 뜻을 이루어주시고 일용할 양식을 달라고 구하는 것입니다. 또한 하나님의 이름이 거룩히 여김을 받으시길 위하여 죄를 용서해달라고, 유혹에 빠져 죄짓지 않게 해달라고 구하는 것입니다.

그리스도의 기도 학교 학생으로서 내가 배운, 담대하게 기도하는 요령을 공유하고 싶습니다. 정말 담대하게, 하나님께 빨려 들어가는 듯한 확신을 품고 기도하기 원한다면, 당신의 모든 기도를 예수님의 영광에 걸으십시오.

나는 이 원리를 유다 왕 히스기야에게 배웠습니다. 하나님을 사랑하는 왕 히스기야에게 큰 위기가 닥쳤습니다. 바빌로니아의 군대가 예루살렘을 에워싸고 고사 작전을 펼쳤습니다. 정복군 사령관 랍사게는 듣기에도 소름 돋는 모독적인 말로 왕과 백성을 위협합니다.

"민족의 신들 중에 어느 한 신이 그의 땅을 앗수르 왕의 손에서 건진 자가 있느냐 하맛과 아르밧의 신들이 어디 있으며 스발와 임과 헤나와 아와의 신들이 어디 있느냐 그들이 사마리아를 내 손에서 건졌느냐 민족의 모든 신들 중에 누가 그의 땅을 내 손에서 건졌기에 여호와가 예루살렘을 내 손에서 건지겠느냐 하셨느니라"(왕하 18:33-35).

그럴 때 히스기야는 랍사게의 편지를 들고 성전으로 갑니다. 만약 당신이 히스기야와 같은 입장이라면, 위급한 때에 무엇을 구하겠습니까? "랍사게가 물러가게 도와주십시오. 우리가 이 위기를 헤쳐 나갈 지원군을 얻게 해주십시오. 백성이 우왕좌왕 흔들리지 않게 해주십시오. 버텨낼 양식을 주십시오." 이렇게 기도하지 않겠습니까? 그런데 히스기야는 그렇게 하지 않았습니다. 그는 하나님 앞에 하나님을 모독한 편지를 펴놓은 채 기도합니다.

"그룹들 위에 계신 이스라엘의 하나님 여호와여 주는 천하만국에 홀로 하나님이시라 주께서 천지를 만드셨나이다 여호와여 귀를 기울여 들으소서 여호와여 눈을 떠서 보시옵소서 산헤립이 살아 계신 하나님을 비방하러 보낸 말을 들으시옵소서 여호와여 앗수르 여러 왕이 과연 여러 민족과 그들의 땅을 황폐하게 하고 또 그들의 신들을 불에 던졌사오니 이는 그들이 신이 아니요 사람의 손으로 만든 것 곧 나무와 돌뿐이므로 멸하였나이다 우리 하나님 여호와여 원하건대 이제 우리를 그의 손에서 구원하옵소서 그리하시면 천하만국이 주 여호와가 홀로 하나님 이신 줄 알리이다"(왕하 19:15-19).

하나님은 그 기도에 이렇게 응답하심으로 영광을 보여주셨습니다.

"이 밤에 여호와의 사자가 나와서 앗수르 진영에서 군사 십팔만 오천 명을 친지라 아침에 일찍이 일어나 보니 다 송장이 되었더라"(왕하 19:35).

바울은 우리가 먹든지 마시든지 무엇을 하든지 다 주의 영광을 위해 하라고 말합니다(고전 10:31). 우리는 주님의 영광을 지향하는 기도를 해야 합니다. 무엇을 구하든 주님의 영광에 거십시오. 이 원칙은 영광에 걸맞지 않은 기도 제목을 제거하고, 하나님의 영광과 한 방향으로 정렬되지 않는 요청 사항을 걸러내는 중요한 여과지가 될 것입니다. 예수님의 이름을 드러내고 그분의 영광이 가려지지 않게 하고자 우리는 무엇이든지 구할 수 있습니다. 예수님의 이름을 앞에 놓으십시오.

응답의 결정권

마지막으로 '예수님의 이름으로 기도합니다'를 앞세워야 하는 이유는, 이러한 선포로 기도의 결정권을 주님께 양도할 수 있기 때문입니다. 우리는 자주 이렇게 기도합니다. "내가 원하는 것을, 내가 원하는 때, 내가 원하는 방식으로 주세요." '들어가는 말'에서 언급했듯 기도했는데도 내 뜻대로 되지 않으면, 기도 무용론에 빠지고 기도를 끊습니다. 결국 나중에는 주님과의 교제도 끊기는 영적 파산에 이르고 맙니다. 나는 자신 있게 말할 수 있습니다. 주님은 언제나 그리고 꼭 '내가 원하는 것을, 내가 원하는 때, 내가 원하는 방식으로' 주지 않으십니다. 무엇이 우리에게 최상인지를 아시는 하나님, 우리를 너무도 사랑하시는 예수님은 그분 자신이 원하는 때, 알맞은 방식으로, 그분이 원하는 것을 주기 원하십니다. 기도에서 중요한 점은 그 결정권이 누구에게 있느냐는 것입니다. 거꾸로 기도한다는 것은 예수님께 그 결정권을 넘겨드린다는 의미입니다.

예수님이 좋은 모본을 보여주셨습니다. 겟세마네 동산에서 예수님이 원하셨던 것은 고난의 잔을 피하는 것이었습니다. 그래서 예수님은 끔찍한 십자가 죽음을 피할 길을 내달라고 기도하셨습니다. 그러나 하나님은 예수님이 십자가에서 피 흘려 죽으심으로 죄에 빠진 인류를 구하기 바라셨습니다. 두 가지 의지가 예수님 안에서 격전을 벌이고 있을 때 그분은 그 결정권을 하나님께 넘겨드립니다. "그러나 내 원대로 마시옵고 아버지의 원대로 되기를 원하나이다" (눅 22:42).

이렇듯 거꾸로 기도한다는 것은 기도의 결정권을 예수님께 넘긴다는 뜻입니다. '예수님의 이름으로 기도합니다'라는 뜻은, 내 목적 내 방식 내 계획에 하나님이 따라주실 것을 설득하는 것이 아닙니다. 오히려 주님의 목적, 주님의 방식, 주님의 결정에 순종할 수 있게 해달라고 기도하는 것입니다. 확신 있게 기도하고자 한다면 예수님께 결정권을 내어드려야 합니다. '예수님의 이름으로 기도합니다'를 앞에 놓을 때, 기도하면 할수록 우리 안에 헌신이 자라날 것입니다.

지금까지, 거꾸로 기도하자고 말했습니다. 이미 눈치 챘겠지만, 거꾸로 기도하는 것은 항상 '예수님의 이름으로 기도합니다'라는 말을 먼저 말하고 기도 제목을 그다음에 말하라는 것이 아닙니다. 말을 그렇게 하라는 것이 아니라, 기도할 때마다 생각 속에서 네 가지를 전제하라는 것입니다. 즉 기도의 근거, 동력, 목적, 결정권자를 예수님으로 바꾸어놓고 기도하라는 뜻입니다.

이것은 마치 기관차와 같습니다. 기관차는 열차의 맨 앞에 있어야 합니다. 기관차가 맨 앞에 있어야 어디서 서고 어느 선로에서 방향을 바꾸어야 할지 결정할 수 있습니다. 지금까지 당신 기도의 기관차는 무엇이었습니까? 내 소원, 내 필요, 내 절박한 상황이었습니까? 이제는 객차를 기관차 뒤에 연결하듯이 예수님 뒤에 모든 기도를 연결하는 기도를 해보십시오. 그러면 당신의 기도가 완전히 달라질 것입니다. 그리고 그렇게 기도하는 당신 자신이 달라지는 놀라운 일을 경험할 것입니다.

2

기대하며

일을 행하시는 여호와, 그것을 만들며 성취하시는 여호와, 그의 이름을 여호와라 하는 이가 이와 같이 이르시도다 너는 내게 부르짖으라 내가 네게 응답하겠고 네가 알지 못하는 크고 은밀한 일을 네게 보이리라. **예레미야 33:2-3**

우리가 쓰는 말 중에 '사면초가'(四面楚歌)라는 말이 있습니다. 주전 202년 중국의 초나라의 패왕 항우(項羽)는 한나라의 왕이었던 유방(劉邦)과 싸움을 하게 됩니다. 항우의 군사는 10만인데, 유방의 군사는 60만이나 되었습니다. 가뜩이나 전세가 기우는데, 초나라 군사들은 숫자적인 열세에 눌려 자꾸 탈영하여 한나라로 투항하고 있었습니다. 전세가 유리했지만 유방은 안심할 수 없었습니다. 왜냐하면 중국 역사에 그때부터 지금까지 항우를 필적할 만한 무사가 없었기 때문입니다. 그는 대단한 장수여서 그의 이름은 역발산기개세(力拔山氣蓋世, 힘이 산을 잡아 뽑아버릴 정도로 세고 기개는 세상을 덮을 만큼 웅장함)라는 수식어와 함께 불릴 정도였습니다.

안심할 수가 없었던 유방은 그의 책사 장량(張良)의 묘책을 따릅니다. 장량은 초나라에서 한나라로 도망 나온 군사, 아니면 한나라에 포로로 잡혀 온 초나라 군사들에게 그들의 고향 노래를 부르게 합니다. 그 초나라의 노래를 한나라 군사들에게 가르쳐 초나라 군사들이 듣도록 부르게 합니다. 비탄에 빠진 초나라 군사들이 고향 생각에 젖게 하는 구슬픈 노래를 산지사방에서 부르는 것이 항우의 귀에 들리게 되었습니다. 그러자 역발산기개세의 무장 항우는 깊은 생각에 잠깁니다. '내 나라 병사들이 이렇게 다 한나라로 넘어가 버렸구나. 이제 더 어떻게 해볼 수 있겠는가.' 그래서 사방에서 들리는 초나라 노랫소리에 근거해 상황을 판단하고는 자결하고 맙니다. 그래서 초나라는 한나라로 넘어갑니다. 여기서 나온 말이 사면초가입니다. 이 고사에서 나온 게임이 우리가 잘 아는 장기입니다.

사면초가라는 말은 무엇을 어떻게 해야 할지 나아갈 길이 보이지 않는 상황을 말합니다. 우리나라가 처한 상황도 사면초가입니다. 중국은 우리 편이 아닙니다. 예나 지금이나 우리를 자기 나라의 변방이라 생각하는 것 같습니다. 일본도 우리 편이 아닙니다. 역사를 왜곡하면서까지 자신들이 끼친 피해에 대한 책임을 덮으려 합니다. 또 미국도 우리 편이 아닙니다. 자국의 이익에 따라 우리를 친구처럼 대하기도 하고 이용 대상으로 삼기도 합니다. 북한은 핵무기를 근거로 우리를 위협합니다. 우리야말로 사면초가입니다. 우리는 어디로 가야 할까요?

나라뿐 아니라, 우리 각자의 삶도 마찬가지입니다. 삶은 끊임없는 사면초가의 연속입니다. 어떻게 해야 할지 알 수 없는 위기들이 우리를 한숨짓게 합니다. 사면초가의 상황은 많은 사람의 삶을 벼랑으로 떨어뜨리는 위험이 됩니다. 역발산기개세 항우도 자결하지 않았습니까? 그러나 위기(危機)라는 단어가 위험(危險)과 기회(機會)의 합성인 것처럼, 사면초가는 우리를 불행하게 할 위험이기도 하지만 동시에 하나님의 영광을 보게 하는 큰 기회도 됩니다. 하나님의 사람들에게 사면초가의 절박한 상황은 엄청난 자산입니다. 왜 그럴까요?

성경에는 많은 기적 이야기가 나옵니다. 홍해가 갈라지는 기적(출 14장), 요단강을 걸어서 건넌 기적, 여리고가 무너진 기적(수 6장), 다윗이 골리앗을 쓰러뜨린 기적(삼상 17장), 예수님이 보리떡 다섯 개와 물고기 두 마리로 5천 명을 먹이신 기적(요 6장), 예수님이 나사로를 살리신 기적(요 11장) 등입니다. 성경에 나타난 모든 기적을 분석해보면 다섯 가지 공통 요소가 있습니다. 첫째, 절박한 필요입니다. 궁지, 고통, 극한 상태와 같이 모두가 싫어하는 이런 상황은 기적이 일어나는 데 꼭 필요한 재료입니다. 둘째, 예수님의 능력입니다. 오병이어의 기적의 능력은 오병이어에서 나온 것이 아니라, 예수님의 손안에서 나왔습니다. 셋째, 믿음으로 하는 간구입니다. 믿음의 기도는 우리의 절박한 필요와 그분의 전능을 연결하는 통로입니다. 넷째, 끝까지 믿음으로 순종하는 것입니다. 예수님은 한꺼번에 뻥튀기하듯 1만 명의 식사를 쌓아놓고 그들을 먹인 것이 아닙니다. 제자들은 끝까지, 때마다 공급해주실 것을 믿으며 떡과 고기를 주님 손에서 받아다 나눠주어야 했습니다. 마지막으로, 목적의 성취입니다. 모든 기적은 필요 충족과 하나님의 영광을 보게 하는 주님의 목적을 이룬 뒤 마감됩니다.

> "만군의 여호와께서 맹세하여 이르시되 내가 생각한 것이 반드시 되며 내가 경영한 것을 반드시 이루리라"(사 14:24).

기적을 일으키는 다섯 가지 요소 중에 가장 중요한 요소는 당면한 사면초가의 상황에서 느끼는 절박한 필요입니다. 그래서 사면초가의 절박한 상황이 우리에게 기회가 된다고 말하는 것입니다. 이 절박한 필요를 하나님의 기적의 기회로 삼기 위해서는 기도가 필요합니다. 그러나 많은 기도, 긴 기도보다 중요한 것은 바른 기도입니다. 어떻게 기도해야 하는지 또 다른 부사 하나를 붙들라고 말씀드리고 싶습니다. 그것은 '기대하며'입니다. 기대를 품고 기도하라는 것입니다.

기대가 없는 기도는 기도가 아닙니다. 그것은 하소연이고 넋두리입니다. 기대는 기도에 반드시 앞세워야 할 필수적인 수식어입니다.

주전 538년 바빌로니아는 유다 나라에 쳐들어와 다른 지역을 모두 초토화하고, 이제 마지막 남은 수도 예루살렘을 포위하고 있었습니다. 그야말로 사면초가의 상황이었습니다. 왕은 너무 답답해서 선지자인 예레미야를 불러 묻습니다. "하나님이 이 상황에 대해 뭐라고 말씀하시는지 말해주시오." 그럴 때 예레미야는 하나님께 들은 말씀대로 예언합니다. "지금이라도 늦지 않았으니 바빌로니아에 항복하십시오. 우리는 모두 바빌로니아에 멸망할 것입니다. 그러나 얼마 후에 하나님은 우리를 이 땅으로 다시 돌아오게 하실 것입니다."

그런 예언을 누구인들 좋아하겠습니까? 왕과 귀족들의 귀에 예레미야를 통해 주신 하나님의 메시지는 이적 행위자, 매국노의 말처럼 들렸습니다. 이런 사면초가 상황에서는 하나님의 보호와 승리를 예언하고 사람들을 격려하여 목숨을 걸고 싸우게 해야 하는 것 아닙니까? 그러나 선지자 예레미야는 유다가 바빌로니아에 멸망하고 백성은 포로로 끌려간다는 예언을 하여 사람들을 좌절하게 했습니다. 이 매국노 같은 선지자의 입을 막기 위해 왕은 그를 성안 시위 대장, 오늘날로 말하면 경호실장의 감옥에 가두어버렸습니다.

유다 나라의 상황이 그러했듯, 나라의 패망을 예언하다 옥에 갇힌 예레미야의 개인적인 상황 역시 사면초가였습니다. 이래도 죽고 저래도 죽게 되어 있었습니다. 이 사면초가의 때 하나님이 예레미야를 부르십니다. 그리고 그에게 약속하십니다.

> "일을 행하시는 여호와, 그것을 만들며 성취하시는 여호와, 그의 이름을 여호와라 하는 이가 이와 같이 이르시도다 너는 내게 부르짖으라 내가 네게 응답하겠고 네가 알지 못하는 크고 은밀한 일을 네게 보이리라"(렘 33:2-3).

오늘날 갈 길이 보이지 않고 돌파구가 막혀 있는 우리 개인이나 교회에 주시는 아버지의 명령은 이것입니다. "내게 기도해라! 기대하며 기도해라." 기대를 품고 기도하라니, 왜 그래야 합니까? 또 무엇을 기대하며 기도해야 합니까?

무엇을 기대해야 하는가에 대한 답을 찾기 전에, 왜 기대하며 기도해야 하는지에 대해 생각해봅시다. 기대 없이도 기도할 수 있습니까? 그렇습니다. 너무 흔히, 우리는 기대 없이 하나님께 기도해왔습니다.

믿음의 조상 아브라함도 그랬습니다. 그가 자기 생애에서 경험한 가장 살 떨리는 사면초가의 위기는 가장 위대한 승리 직후에 찾아왔습니다. 아브라함은 소돔 지역으로 분가하여 옮겨간 조카 롯이 포로로 끌려갔다는 소문을 듣습니다. 적군은 그 지역 5개국 연합군을 무찌른 4개국 연합군이었습니다. 아브라함은 조카 롯을 구하려고 겁도 없이 자신이 양성한 사병 318명을 이끌고 가서 호전적인 적군을 쳐부수고 모든 포로와 약탈물을 도로 찾아왔습니다. 그날 밤 아브라함은 도무지 잠을 이룰 수 없었습니다. 뼛속 깊이 스며드는 두려움에 몸이 얼어붙는 것 같았습니다. 그가 어떤 생각을 했을지 상상해봅시다.

'내가 제정신이 아니었지. 날이 밝으면 적들이 발자국 수만 보아도 우리가 얼마나 작은 군대인지를 알 텐데…. 자존심이 상한 4개 부족이 나를 가만히 둘까? 소돔 왕에게 통 큰 믿음으로 넘겨준 약탈물이라도 가지고 있었다면 그걸로 목숨만이라도 살려달라고 사정해볼 수는 있을 텐데…. 내가 너무 잘난 척을 했나? 믿음이 좋은 척했나? 난 정말 아무것도 아니고, 아무것도 없고, 아무것도 할 수가 없다. 인제 어쩌지? 난 꼼짝없이 죽었구나.'

그런 사면초가의 때에 하나님이 말씀하셨습니다. "아브람아 두려워하지 말라 나는 네 방패요 너의 지극히 큰 상급이니라"(창 15:1).

그때 아브라함이 뭐라고 기도했는지 들어보십시오.

"아브람이 이르되 주 여호와여 무엇을 내게 주시려 하나이까 나는 자식이 없사오니 나의 상속자는 이 다메섹 사람 엘리에셀이니이다"(창 15:2).

뭔가 오가는 말이 짝이 맞지 않습니다. 아브라함의 말을 한 마디 경상도 사투리로 바꾼다면 '-어데예?'라고 할 수 있습니다. 즉 이런 뜻입니다. "저는 나이도 많고 자식도 없는데, 방패는 무슨 소용이고 상급을 받는다고 무슨 유익이 있겠습니까? 하나님이 제게 주신 것은 뭡니까? 늙은 제가 죽으면, 결국 제가 가진 재산은 관리인 엘리에셀에게 돌아갈 것입니다."

아브라함은 하나님께 기도했지만, 하나님이 자신을 위해 뭔가 새로운 일을 하실 거라고는 전혀 기대하지 않았습니다. 아브라함만 그랬습니까? 아들을 주겠다는 하나님의 약속을 듣고 사라는 속으로 웃었습니다. '내가 내년에 아기를 낳는다고? 89세인 내가? 이 쭈글쭈글한 가슴으로 아기에게 젖을 먹인다는 거지?' 그것은 기대에 찬 기쁨의 웃음이 아니었습니다. 너무 기가 막힌 약속을 하시는 하나님에 대한 불신의 웃음, 하나님의 능력에 대한 비웃음이었습니다. '하나님이 내 상황을 진짜 모르시나? 내가 몇 살을 먹었는지도 모르시나? 난 이미 폐쇄된 공장이라고! 내 몸에서 아기가 나온다는 건 하늘이 두 쪽이 나도 어려운 일인데.'

왜 이 부부가 그렇게 반응했을까요? 기대가 없었기 때문입니다. 기대 없음과 불신앙은 같은 말을 다르게 표현한 것입니다.

그렇다면 모세는 어땠습니까? 하나님의 위대한 종 모세의 귀에 여기저기서 흐느껴 우는 소리가 들립니다(민 11:10). 왜 또 이 야단일까요? 이번에는 고기 타령입니다.

> "누가 우리에게 고기를 주어 먹게 하랴 우리가 애굽에 있을 때에는 값없이 생선과 오이와 참외와 부추와 파와 마늘들을 먹은 것이 생각나거늘 이제는 우리의 기력이 다하여 이 만나 외에는 보이는 것이 아무것도 없도다"(민 11:4-6).

불평은 영적 전염병인 것이 확실합니다. 백성이 울면서 항의할 때 모세는 하나님께 기도합니다. 그 기도의 톤에 주의해서 들어보십시오.

> "어찌하여 주께서 종을 괴롭게 하시나이까 어찌하여 내게 주의 목전에서 은혜를 입게 아니하시고 이 모든 백성을 내게 맡기사 내가 그 짐을 지게 하시나이까 이 모든 백성을 내가 배었나이까 내가 그들을 낳았나이까 어찌 주께서 내게 양육하는 아버지가 젖 먹는 아이를 품듯 그들을 품에 품고 주께서 그들의 열조에게 맹세하신 땅으로 가라 하시나이까
> 이 모든 백성에게 줄 고기를 내가 어디서 얻으리이까 그들이 나를 향하여 울며 이르되 우리에게 고기를 주어 먹게 하라 하온

즉 책임이 심히 중하여 나 혼자는 이 모든 백성을 감당할 수 없나이다 주께서 내게 이같이 행하실진대 구하옵나니 내게 은혜를 베푸사 즉시 나를 죽여 내가 고난당함을 내가 보지 않게 하옵소서"(민 11:11-15).

'하나님, 차라리 저를 데려가주세요.' 살다 보면 한두 번쯤은 이런 극단적인 소원을 아뢰기도 합니다. 삶이 너무 힘들고 돌파구가 보이지 않을 때 이런 말로 내면의 좌절감을 표출합니다. 엄청난 기적을 목격한 하나님의 사람 모세도 그랬습니다. 모세는 기도는 하지만 하나님께 바늘구멍만큼의 기대도 없었기 때문에 죽음을 달라고 호소했습니다. 우리도 그렇게 기대 없이 기도할 수 있다는 것을 인정해야 합니다.

초대교회의 여린 싹을 밟아버리기 위해 유대 종교 지도자들은 베드로를 잡아 감옥에 가두었습니다. 그 감옥은 여러 겹의 쇠문을 통과해야 하는 깊은 곳에 있었는데, 거기에 베드로는 두 군인 틈에서 두 쇠사슬에 매여 있었습니다. 그야말로 사면초가, 돌파구가 없는 상황이었습니다. 감옥 밖에서는 예루살렘 교회 성도들이 함께 모여 이 심각한 상황을 놓고 절박하게 기도하고 있었습니다. 얼마나 열심히, 많이, 간절히 기도했을지는 충분히 상상할 수 있습니다. 그들이 그렇게 기도하는데 누군가 문을 두드리는 소리가 들렸습니다. 로데라는 여종이 나가더니 유령이라도 본 사람처럼 집 안으로 뛰어 들어와서 사람들에게 말해주었습니다.

잠깐만요. 지금 베드로 사도가 문 밖에 서 계세요(행 12:14).

그때 간절히 기도하던 성도들은 무엇이라고 말했습니까? "할렐루야, 하나님이 우리 기도에 응답해주셨습니다." 이렇게 말했습니까? 아닙니다. 그 반대로 말했습니다.

"그들이 말하되 네가 미쳤다 하나 여자아이는 힘써 말하되 참말이라 하니 그들이 말하되 그러면 그의 천사라 하더라 베드로가 문 두드리기를 그치지 아니하니 그들이 문을 열어 베드로를 보고 놀라는지라"(행 12:15-16).

이들은 기도하고도 믿지 않았습니다. 아니 기대 없이 기도한 것입니다. 이처럼 얼마나 많은 날 우리가 기도라는 명분으로, 기대 없는 기도로 하나님을 욕되게 하는지 모릅니다. 이것이 하나님께 욕되는 일인지 보여주는 잘 알려진 이야기가 생각납니다.

어떤 평화로운 시골 마을에 술집이 하나 들어섰습니다. 그래서 그 마을에 있는 교회 지도자들이 다 모여 술집이 망하도록 열심히 기도했습니다. 그랬더니 과연 얼마 있다가 손님이 점점 줄더니 결국 그 술집은 문을 닫게 되었습니다. 속상한 술집 주인의 귀에 교회 사람들이 술집이 망하도록 기도했다는 이야기가 들려왔습니다. 그러자 술집 주인은 그 교회를 법정에 고발하고 손해 배상 청구 소송을 냈습니다. 판사가 그 주인에게 묻습니다. "당신은 술집이 망한 이유가 정말 교회가 기도했기 때문이라고 믿습니까?" 술집 주인이 확신 있게 대답했습니다. "예, 저는 그렇다고 확실히 믿습니다."

그리고 교회 지도자들에게 묻습니다. "이 사람 말대로 교회가 기도했기 때문에 술집이 망했다고 믿으십니까?" 교회 지도자들이 대답했습니다. "기도했다고 망하나요, 뭐?" 교회는 기도 응답을 믿지 않고 술집 주인은 기도 응답을 믿었습니다.

기대 없이 기도하는 것은 들어주면 좋고 안 들어주면 할 수 없다는 태도로 하는 하소연일 뿐입니다. 그러나 하나님이 기대하시는 기도는 그렇게 소극적이고 수동적인 기도가 아닙니다. 기도는 쟁취하고 끌어내며 공격하고 돌파하는 것입니다. 예수님은 말씀하셨습니다. "세례 요한의 때부터 지금까지 천국은 침노를 당하나니 침노하는 자는 빼앗느니라"(마 11:12).

무엇을 기대하며 기도해야 할까요? 두 가지를 기대해야 합니다.

반드시 응답하신다

첫째, 하나님이 반드시 응답하실 것을 기대해야 합니다. 하나님이 예레미야에게 주신 약속은 우리에게도 적용되는 약속입니다. 예레미야에게 약속하신 하나님이 우리 아버지 되시는 같은 하나님이시기 때문입니다.

"너는 내게 부르짖으라 내가 네게 응답하겠고"(렘 33:3).

"내가 네게 응답하겠고"는 영어로는 "I will answer you"라고 번역되었습니다. will은 shall과 달리 의지 미래를 뜻합니다. 하나님이 자기 의지로 반드시 응답하실 것이라는 약속입니다. 이 약속에 대한 확신을 요한일서 5장 14-15절에서도 얻을 수 있습니다.

> "그를 향하여 우리가 가진바 담대함이 이것이니 그의 뜻대로 무엇을 구하면 들으심이라 우리가 무엇이든지 구하는 바를 들으시는 줄을 안즉 우리가 그에게 구한 그것을 얻은 줄을 또한 아느니라."

이 약속을 자세히 보면 시제가 맞지 않음을 발견할 수 있습니다. 현재 구하면 미래에 들으실 텐데, 결과는 미래가 아닌 과거형으로, 이미 얻은 것으로 말합니다. '이미 얻은 줄을 아느니라.' 나는 이것을 '확신 과거'라고 부릅니다. 미래에 일어날 일이 너무나 확실해서 과거에 이미 결정 난 것과 다름없이 믿는 것입니다.

흔히 우리는 하나님이 응답하지 않으신다고 서운해합니다. 그러나 실상은 하나님이 응답하지 않으시는 것이 아니고, 우리가 응답하지 않는 것입니다. SNS에서 누군가에게 메시지를 보냈는데 응답이 없으면 불쾌합니다. 혹은 길에서 누군가를 만나 반가워서 손을 내밀었는데, 그 사람이 쳐다보지 않고 등을 돌리며 가버리면 그에게 멸시를 당한 것 같아 기분이 나쁩니다. 그런데 우리는 하나님 앞에서 어떻게 합니까? 하나님은 두 손을 펴고 계속 말씀하고 계셨습니다. "내게 부르짖어라. 그 상황을 내 기적의 원료로 사용하거라." 그런데도 우리는 반응하지 않았습니다. 그것은 사방이 막힌 사면초가의 상황에서 벗어나고 싶지 않기 때문이 아닙니다. 전능하신 하나님의 개입을 기대하지 않았기 때문입니다. 어떤 상황이든 상황을 분석하거나 상황에 집중하지 말고, 하나님의 개입을 기대하며 기도하십시오. 그분이 반드시 응답하실 것을 믿으십시오.

크고 놀라운 것으로

두 번째로 기대해야 할 것은 단지 응답하시리란 바람뿐이 아닙니다. 그분이 반드시 응답하시는데, 우리가 상상이나 예상이나 예측도 못할 놀라운 것으로 응답해주시리라고 기대해야 합니다. 하나님은 약속하셨습니다.

> "내가 네게 응답하겠고 네가 알지 못하는 크고 은밀한 일을 네게 보이리라"(렘 33:3).

하나님은 성경 여러 곳에서 우리를 위해 예비한 축복이 우리 상상이나 계산을 초월하리라고, 훨씬 더 좋은 것으로 응답해주신다고 거

듭 말씀해주셨습니다.

에베소서 3장 20절에 우리 하나님은 "우리가 구하거나 생각하는 모든 것에 더 넘치도록 능히 하실 이"라고 나옵니다. 우리가 아무리 크게 기대하고 생각하며 구해도 하나님께는 전혀 버겁지 않습니다. 이사야 48장 6절에는 이런 말씀이 나옵니다. "내가 새 일 곧 네가 알지 못하던 은비한 일을 네게 듣게" 해주겠다고 하십니다. 또 고린도전서 2장 9절에는 이런 말씀이 나옵니다. "하나님이 자기를 사랑하는 자들을 위하여 예비하신 모든 것은 눈으로 보지 못하고 귀로 듣지 못하고 사람의 마음으로 생각하지도 못하였다 함과 같으니라."

아브라함을 생각해보십시오. 자기 나이 백 세, 아내 나이 90세에 아기를 낳아서 젖 먹이는 모습을 상상할 수 있었겠습니까? 그의 처지에서는 예측하거나 기대할 수 없는 일이었을 것입니다. 그러나 하나님은 아브라함이 '알지 못하는 크고 비밀한 일로 응답하시는 하나님'이셨습니다.

홍해 앞에서 앞으로나 뒤로도 갈 수 없었던 사면초가의 이스라엘을 생각해보십시오. 뒤에서는 이집트 마병들이 추격해옵니다. 양쪽에는 절벽이 치솟아 있습니다. 앞에는 시퍼런 홍해 바다로 가로막혀 있습니다. 그러나 하나님은 그들이 '알지 못하는 크고 비밀한' 방식으로 돌파구를 여셨습니다. 홍해를 쪼개 마치 마른 땅인 것처럼 걷게 하셨습니다.

광야에서 하나님이 공급해주신 일을 생각해보십시오. 이스라엘 백성이 한 개씩 빵을 먹어도 한 끼에 250만 개가 필요합니다. 그것을 세 끼 먹어야 합니다. 한 달, 일 년 치 빵이 얼마나 필요한지 생각해 보십시오. 이집트에서 가져온 양식이 다 떨어졌을 때 그들은 어떻게 되겠습니까? 굶어 죽을 수밖에 없습니다. 그러나 하나님은 그 사면초가의 상황을 어떻게 해결해주셨습니까? 하늘에서 만나를 내리심으로 해결하셨습니다. 다시 한번 그들이 '알지 못하는 크고 비밀한 일로 응답'하시는 하나님이심을 알 수 있습니다.

어디 그뿐입니까? 엘리야를 보십시오. 엘리야는 하나님을 대표하는 선수였습니다. 그는 아세라와 바알 선지자 850명을 상대하여 싸우는 대격전을 벌였습니다. 제단을 쌓고 그 위에 나무를 펴놓으며 제물을 올려놓은 뒤 응답하는 신이 참신인 것을 입증하는 싸움이었습니다. 우상 선지자 850명이 주문을 외우며 흥분하여 소리를 질러댔습니다. 나중에는 칼로 몸에 상처를 내어 피를 흘려가며 소리를 질렀지만 오후가 되기까지 어떤 응답도 없었습니다.

이제 엘리야 차례입니다. 엘리야는 제단 위 나무와 제물이 흥건히 젖을 뿐 아니라 흘러내려 도랑물을 이루기까지 물 열두 통을 퍼다 붓게 합니다. 그리고 기도합니다. 이 상황에서 어떻게 불이 붙을 것이라 기대할 수 있겠습니까? 그러나 하나님은 누구도 '알지 못하는 크고 비밀한 방식으로 응답'하셨습니다. 하늘에서 불이 내려와 모든 제물과 나무뿐만 아니라 도랑에 있는 물까지 다 핥아버렸습니다. 우리도 그렇게 하나님을 기대하며 기도해야 합니다.

감옥에 갇혀 있던 예레미야가 하나님의 약속을 붙들고 기대하며 기도했을 때 하나님은 어떻게 응답하셨습니까? 예레미야는 감옥을 벗어났습니다. 적의 손에 넘겨지지도, 바빌로니아 병사들의 손에 죽임당하지도 않도록 보호받았습니다. 유다 나라는 어떻게 된다고 말씀하셨습니까? 예레미야 33장에 그 예언이 이어집니다. 6절에는 평화가 오고, 7절에는 본토를 다시 차지하며, 8절에는 용서받고, 9절에는 명예를 회복할 것이며, 11절에는 기쁨을 회복하고, 12절에는 양 떼가 다시 유대 땅에서 풀을 뜯게 되며, 14-15절에는 다윗의 왕통이 이어지고, 26절에는 포로가 본국으로 귀환할 것이라고 나옵니다.

바빌로니아에게 나라가 질그릇 조각처럼 깨질 현실 앞에서 누가 이런 결과를 상상할 수 있었겠습니까? 그들이 '알지 못하는 크고 비밀한 일로 응답하시는 하나님'이 그렇게 일하실 것이었습니다. 그들에게 그러셨듯이, 우리에게도 그렇게 하실 수 있는 하나님을 기대함으로 구해야 합니다.

그러면 왜 우리가 상상한 것 이상으로, 예측 불가능한 것으로 응답하실 것을 기대하고 기도해야 할까요?

우리의 창조주이신 하나님

첫째, 하나님이 창조주이시기 때문입니다. 주님은 이렇게 말씀하십니다.

"일을 행하시는 여호와, 그것을 만들며 성취하시는 여호와, 그의 이름을 여호와라 하는 이가 이와 같이 이르시도다"(렘 33:2).

여기에서 일을 만들고 성취하신다는 말은 단순히 하나님이 어떤 일을 시작하고 끝내신다는 뜻이 아닙니다. NIV 성경으로 이 구절을 보면, "온 땅을 만들고 빚으시며, 온 우주 만물을 그 자리에 배치하고 세우신 창조주 하나님이시라(This is what the LORD says, he who made the earth, the LORD who formed it and established it-the LORD is his name)"고 나옵니다. 하나님은 없는 것을 있게 만드는 창조주이십니다. 그분의 주특기는 없는 것을 있게 하시는 것입니다. 그분은 능히 없는 길을 내고, 없는 양식을 먹게 하며, 없는 불을 내리고, 존재하지 않았던 현실을 실제가 되게 하십니다. 그런 하나님이시기에 우리는 그분이 반드시 응답하시고, 우리가 상상하는 이상의 멋진 결과로 응답하실 것을 기대할 수 있는 것입니다.

끝내시는 전능자

둘째, 우리 하나님은 시작한 일을 끝내는 전능자이시기 때문입니다. 그분은 "일을 행하시는 여호와"이십니다. 또 어떤 일을 시작했으면 반드시 끝내는 하나님이십니다. 이사야 14장 24절에서 하나님은 이렇게 말씀하셨습니다.

"만군의 여호와께서 맹세하여 이르시되 내가 생각한 것이 반드시 되며 내가 경영한 것을 반드시 이루리라."

빌립보서 1장 6절에서도 바울을 통해 말씀하십니다.

"너희 안에서 착한 일을 시작하신 이가 그리스도 예수의 날까지 이루실 줄을 우리는 확신하노라."

약속을 지키시는 여호와

셋째, 하나님은 그 입에서 낸 약속을 반드시 지키는 분이시기 때문입니다.

"일을 행하시는 여호와, 그것을 만들며 성취하시는 여호와, 그의 이름을 여호와라 하는 이가 이와 같이 이르시도다"(렘 33:2).

왜 2절에 '여호와'라는 이름을 세 번씩이나 썼을까요? 하나님이라는 이름이 그분의 전능성을 나타낸다면, 여호와라는 이름은 우리와의 관계성을 드러내는 명칭입니다. 우리가 하나님의 백성이기에 하나님은 우리에게 친히 말씀하십니다. 그리고 우리와 맺은 약속을 반드시 지키십니다. 창조주이자 전능자이시고, 우리가 부르짖을 때 응답해주겠다는 약속을 지킬 하나님이시기에 우리는 기대하며 기도할 수 있는 것입니다.

우리 기도를 방해하는 나쁜 습관 한 가지를 지금 바로 교정했으면 좋겠습니다. 그 습관은 바로 하나님이 응답해주시지 않아도 마음이 상하지 않을 적정선을 그어놓고 기도하는 것입니다. 그러나 주님은 약속하십니다. "내게 부르짖으라 내가 네게 응답하겠고 네가 알지 못하는 크고 은밀한 일을 네게 보이리라." 그러니 그 안전선에 머문 기도만 하는 것은 절대 겸손이 아닙니다. 그것은 불신앙입니다. 크신 하나님, 좋으신 아버지에 대한 모독입니다. 기대 없는 기도는 응답도 없습니다. 하나님께 기대하지 않는 사람은 절대 기도할 수 없습니다. 기대는 기도의 발판이기 때문입니다. 기대해야 기도도 할 수 있습니다. 왜 당신의 기도에 힘이 없습니까? 기대하지 않기 때문입니다. 작은 기대를 품은 사람은 작은 기도를 하고 큰 기대를 하는 사람은 큰 기도를 하는 법입니다. 하나님은 말씀하십니다. "네 입을 크게 열라 내가 채우리라"(시 81:10).

3

꽉 붙들고

복 있는 사람은 악인들의 꾀를 따르지 아니하며 죄인들의 길에 서지 아니하며 오만한 자들의 자리에 앉지 아니하고 오직 여호와의 율법을 즐거워하여 그의 율법을 주야로 묵상하는도다 그는 시냇가에 심은 나무가 철을 따라 열매를 맺으며 그 잎사귀가 마르지 아니함 같으니 그가 하는 모든 일이 다 형통하리로다. **시편 1:1-3**

당신의 마음을 한번 알아 맞추어볼까요? 당신은 힘 있는 믿음의 사람이 되기를 원합니다. 정말 힘 있고 하나님과 마음이 통하는 기도를 해보고 싶습니다. 능력 있는 기도로 잘못된 현실을 바꾸고, 상황을 새롭게 바꾸기를 바랄 것입니다. 이런 바람이 당신의 마음이 맞습니까? 내가 그것을 어떻게 알았을까요? 이것이 바로 내가 날마다 품는 소원이자 이 책을 읽는 당신에게 이루어지기를 바라는 점이기 때문입니다. 그러나 무엇보다 이것은 우리를 향한 하나님의 소원입니다.

하지만 우리의 실상은 그렇지 않습니다. 많은 성도에게 기도는 별로 흥미가 생기지 않는 주제입니다. 그저 기도가 큰 짐 같고, 기도 이야기만 나오면 자신이 작아지는 것 같습니다. 기도하고 싶지만 방법도 모르고, 기도해봤자 응답을 받는 것도 딱히 모르겠으며, 달라지는 것도 없어 보입니다. 특별히 고통스러운 일이 없는 한, 차라리 성실하게 내 힘으로 살아가는 편이 더 낫다고 생각하는 사람도 많습니다. 또 기도로 내가 원하는 것은 구하지만 하나님과 부모 자식 간에 나누어야 할 깊은 정은 없는, 기도의 사람도 많습니다. 기도를 하나 안 하나 삶에 별 차이가 생기지 않는 성도도 있습니다. 그 이유는 무엇일까요? 어떻게 이 문제를 해결할 수 있을까요?

그 답이 시편 1편에 있습니다. 시편 1편에서 하나님이 우리에게 주시는 해답은 기도의 뿌리가 문제라는 것입니다. 많은 경우 우리 기도에는 뿌리가 없습니다. 혹은 잘못된 곳에 뿌리내린 기도를 하기도 합니다. 우리 기도의 뿌리가 내 열심이나 정성, 내 욕심이나 생각, 계산이어서는 안 됩니다. 시편 1편은 기도의 뿌리가 반드시 하나님의 말씀이어야 한다고 말합니다. 어떤 문제 때문에 기도하기 시작했다면, 그 문제가 해결되든 해결되지 않든, 그 기도는 곧바로 시들어버립니다. 단지 내가 원하는 것을 얻으려는, 실상 아무런 소득이나 영양가가 없는 기도를 하는 것입니다.

시편은 아주 오랜 세월 하나님의 사람들이 하나님을 노래한 찬양집입니다. 또 기도집이라고도 할 수 있습니다. 그런데 그 찬양집, 기도집 표지에 해당하는 1편에서 말씀에 대해 말합니다. 이는 우리가 힘과 확신이 있고 내외적으로 가득 열매 맺는 기도를 하려면 말씀에 뿌리내린 기도를 해야 한다는 점을 암시합니다. 말씀에 뿌리내리지 못한 기도는 마치 바람에 나는 겨와 같습니다. 몇 마디 기도를 해보다가 안 되면 기도의 자리를 떠나버립니다. 계속 기도해보다 자신이 기대한 대로 이루어지지 않는 것 같으면 실망하고 기도를 접어버립니다. 기도가 쉽게 시들고 말라 죽어버리는 것입니다.

그러나 시냇가에 심은 나무처럼 말씀에 뿌리내린 기도는 상황과 관계없는 생명력을 유지합니다. 자신이 원할 때 원하는 방식으로 원하는 바를 얻었는지 여부와 상관없이 흔들림 없이 기도하는 사람으로 서게 됩니다. 말씀은 우리 기도가 하나님을 향해 뻗어가게 하는 든든한 뿌리 역할을 합니다. 오래도록 안정적으로 열매 맺는 나무처럼 기도하려면 하나님 말씀에 뿌리를 내려야 합니다.

예수님은 말씀하셨습니다. "너희가 내 안에 거하고 내 말이 너희 안에 거하면 무엇이든지 원하는 대로 구하라 그리하면 이루리라"(요 15:7).

시편 1편으로 말씀에 뿌리내린 사람의 삶을 4개 단어로 요약할 수 있습니다. 그것은 안정성, 확실성, 인격성, 생산성입니다. 나는 이것을 기도와 관련지어 적용함으로써 바른 기도의 원리 하나를 세워보려고 합니다. 왜 우리는 말씀에 뿌리내려야 할까요?

기도의 안정성

첫째, 하나님의 말씀은 우리 기도에 안정성을 제공합니다. 앞서 말했듯이 말씀에 뿌리내리지 못하는 기도는 뿌리 없는 나무 같아서 시들고 마르며 결국 죽어버립니다. 말씀에 뿌리내리지 못한 기도도 내 생각과 경험과 필요의 한계에 묶이게 되어 있습니다. 그런 기도는 결코 깊어지거나 높아지거나 넓어질 수 없습니다.

나는 예수님을 영접하고 나서 2년 동안 성경 구절 약 6백 개를 암

송했습니다. 그 구절이 내 믿음의 골격과 체질이 되었습니다. 그중 백여 구절은 40년이 더 지난 지금까지도 내 기도를 붙드는 뿌리가 되었습니다. 특히 요한1서 5장 14-15절은 매일 새벽 기도를 맺는 내 기도의 뒤표지가 되고 있습니다.

"그를 향하여 우리가 가진바 담대함이 이것이니 그의 뜻대로 무엇을 구하면 들으심이라 우리가 무엇이든지 구하는 바를 들으시는 줄을 안즉 우리가 그에게 구한 그것을 얻은 줄을 또한 아느니라."

앞 장에서 말했듯이 지금 하는 기도의 응답은 미래에 이루어질 일인데 말씀에서는 그것이 이미 이루어졌다고 말합니다. 내가 이것을 '확신 과거'라고 부르는 이유는 '이미 이루어진 것이나 다름없다'는 확신을 주기 때문입니다. 그런데 이 구절에는 문제가 하나 있습니다. 내가 기도하는 바가 하나님의 뜻인 줄 어떻게 아느냐는 것입니다. 신앙 초기에 나는 이 점이 참 막막했습니다. 그래서 많은 사람이 기도 점(?)을 칩니다.

"하나님 제 딸이 서울에 있는 대학에 갈 원하세요? 아니면 인천에 있는 대학에 갈 원하세요? 제발 주님의 뜻을 보여주세요. 만약 서울에 있는 대학에 갈 원하신다면 제가 아침에 일어났을 때 처음 본 새가 동쪽으로, 인천에 있는 대학에 갈 원하신다면 서쪽으로, 전혀 다른 지역에 있는 대학에 갈 원하신다면 남쪽으로 날아가게 해주세요."

"A와 결혼하는 것이 옳은지 B와 결혼하는 것이 옳은지 하나님의 뜻을 구합니다. 제가 오늘 지하철을 탈 때, 지하철 안에서 내 앞에 선 사람의 옷에 A자가 있으면 A와 결혼하고 B가 있으면 B와 결혼하겠습니다."

겉보기에는 경건하고 성령의 인도를 구하는 겸손한 기도처럼 보입니다. 그렇지만 이것은 불신앙입니다. 예수님이 우리 안에서 성령과 말씀으로 우리를 인도하신다는 것을 무시하는 행위입니다. 혹시 기드온의 기도가 떠올라 혼란스럽습니까? 사실 기드온의 양털 기도는 우리의 모범이 아닙니다. 기드온은 하나님이 말씀으로 약속하신 것을 믿음으로 받아들이지 못했기 때문에 양털로 그 약속을 시험한 것입니다. 우리는 그런 식으로 하나님의 뜻을 물을 필요가 없습니다. 말씀이라는 객관적 기준이 있고, 우리 안에서 말씀의 객관적 기준을 주관적 적용으로 이끌어주시는 성령님이 계시기 때문입니다. 성경에는 이런 말씀이 나옵니다. "하나님은 여러분 안에서 활동하셔서, 여러분으로 하여금 하나님을 기쁘게 해 드릴 것을 염원하게 하시고 실천하게 하시는 분입니다"(빌 2:13, 새번역). 당신이 바른 판단을 하도록 성령님이 인도하고 계십니다. 그러므로 내가 구하는 일이 하나님의 뜻인지를 입증할 수 있는 '양털 사인'을 요구하는 것은 성도가 할 일이 아닙니다.

하나님의 뜻은 막연하지 않습니다. 성경은 우리가 무슨 일을 하든지 결정을 내릴 때 사용할 기본 원리를 제공합니다. 실제적인 지혜를 드리겠습니다. 당신의 기도와 십계명을 한 방향으로 정렬하십시오. 십계명은 성경 전체의 요약이자 하나님이 자기 백성에게 바라시는 삶의 근본 원리입니다. 그 원리가 하나님의 뜻을 분별하는 기준이 됩니다. 이 기준선에 어긋나지 않는 한 우리는 무엇이든지 구할 수 있습니다.

십계명을 한 마디로 요약하면 '사랑'입니다. 자신이 지금 구하는 기도가 하나님과 이웃과 나 자신을 사랑하는 일인지를 확인하는 것만으로도 지금 내가 드리는 기도가 하나님의 말씀을 붙든 것인지 분별할 수 있습니다. 그러나 하나님의 뜻이 아닌 것을 구할까 봐 두려워하지는 마십시오. 당신 안에 계신 성령님이 당신의 기도를 인도하고 계심을 믿으십시오. 성경에 분명히 적혀 있습니다. "하나님이 우리에게 주신 것은 두려워하는 마음이 아니요 오직 능력과 사랑과 절제하는 마음이니"(딤후 1:7). 우리 기도가 하나님의 말씀과 한 방향으로 정렬되었는지를 확인할 때 우리 기도는 안정됩니다.

기도의 확실성

둘째, 하나님의 말씀은 우리 기도에 확실성을 제공합니다. 하나님의 말씀과 하나님의 행동은 하나입니다. 이것을 화동일체(話動一體)라고 말합니다. 빛이 어떻게 만들어졌는지를 생각해보십시오. 하나님이 "빛이 있으라"고 말씀하셨습니다. 천사들이 그때부터 빛을 설계하고 그 성분을 연구하여 공장을 차리고 적당한 원료로 시간이 흐른 뒤에 빛을 생산했습니까? 아닙니다. 빛이 있으라고 명령하시는 그 순간에 빛이 생겨났습니다. 말씀은 행동입니다. 말씀 따로 있고 행동 따로 있는 것이 아닙니다.

만약 한 회사의 회장이 사원들 앞에서 어떤 말을 했다면, 사원들은 그 말을 곧바로 시행해야 합니다. 혹은 판사가 법정에서 판결을 내리면, 그 판결 내용대로 시행해야 합니다. 회장이나 판사 말도 이렇게 잘 행동으로 옮기는데 하물며 하나님이 하신 말씀은 어떻겠습니까? 하나님이 하신 말씀은 곧 행동 그 자체입니다. 하나님은 말씀에 자신을 담으십니다. 그러므로 하나님 말씀에 순종하는 일은 그 말씀을 하신 예수님께 순종하는 일도 됩니다. 성경에서는 하나님의 말씀이 살아 있고 운동력이 있다고 말합니다(히 4:12). 어떻게 하나님의 말씀이 살아 있다고 말할 수 있습니까? 최근 것이 2천 년 전이고 최고 것은 4천 년이 넘는 이 고문서가 어떻게 지금 살아 있다고 말할 수 있습니까? 그것은 이 성경의 원저자, 성경을 통해 우리에게 말씀하시는 하나님이 지금 살아 계시기 때문입니다. 그러므로 하나님의 말씀과 행동이 별개인 것이 아닙니다. 또는 우리의 순종 여부에 따라 말씀의 효력이 생기거나 없어지는 것이 아닙니다.

내가 젊은 시절부터 어린이들에게 가르쳤고 지금도 입에 붙은 찬양이 있습니다.

예수님이 말씀하시니 물이 변하여 포도주 됐네.

예수님이 말씀하시니 바디매오가 눈을 떴다네.
예수님이 말씀하시니 죽은 나사로가 살아났다네.
예수님이 말씀하시니 거친 파도가 잔잔해졌네.
예수님, 예수님, 나에게도 말씀하셔서 새롭게 새롭게 변화시켜 주소서.

예수님이 말씀하실 때 우리 기도는 확실성을 확보하게 됩니다. 우리가 말씀을 붙들 때 하나님을 붙드는 것과 같은 것입니다. 하나님을 붙드는 것 따로 있고 말씀을 붙드는 것이 따로 있지 않음을 잊지 말아야 합니다. 확실성 있는 기도를 원한다면 말씀을 붙들어야 합니다. 자녀가 아버지에게 어떤 것을 요구할 때 가장 확실한 보증이 되는 것이 무엇입니까? 아버지 입에서 나온 약속입니다. "아빠, 열두 살 생일에 스마트폰 사준다고 약속했잖아요." 그러면 아버지는 자신의 말과 인격을 지키기 위해 돈을 빌려서라도 약속을 지킬 것입니다. 하물며 사람 아버지도 그렇게 하는데 하나님 아버지께서 그분의 말씀을 삼키시겠습니까? 다음 성경 말씀을 보십시오.

"하나님은 인생이 아니시니 식언(食言)치 않으시고 인자가 아니시니 후회가 없으시도다 어찌 그 말씀하신 바를 행치 않으시며 하신 말씀을 실행치 않으시랴"(민 23:19, 개역한글).

하나님은 하신 말씀에 대해 "미안하다. 내가 실수했다"라고 얼버

무리거나 약속을 삼키는 분이 아닙니다. 확실히 그 일이 이루어질 것이라는 믿음으로 기도하길 원한다면 그분의 말씀을 꽉 붙들어야 합니다.

기도의 인격성

셋째, 하나님의 말씀은 우리 기도에 인격성을 제공합니다. 기도는 하나님을 졸라 내게 필요한 것을 받아내는 행위가 아닙니다. 즉 요구하고 관철하는 일이나 거래처럼 상업적 관계를 트는 일이 아닌 것입니다. 기도는 아버지이신 하나님과 자녀 된 우리가 교제를 나누는 일입니다.

당신에게 자녀가 있다면 한번 떠올려보십시오. 아이가 착해서 울지도 않고, 속도 안 썩입니다. 그런데 당신과 눈도 안 마주치고, 말도 섞지 않으며, 달라는 것도 없고, 당신이 옆에 있어도 어떤 인격적 교제도 나누려 하지 않습니다. 그런 상황이라면 어떻겠습니까? 그것은 당신에게 큰 근심거리가 될 것입니다. 갓난아이가 조금 자라 의사 표현을 할 수 있게 되면, '물 줘. 물!'이라고 서슴없이 요구합니다. 이 교만하고 예의 없는 아기의 한마디에 우리는 하인처럼 물을 떠다 대령하지 않습니까? '우리 아이가 말을 하는구나. 아이가 원하는 게 뭔지 알 수 있겠구나!' 자녀와 통하는 대화라도 시작하면, 우리는 큰 보람과 기쁨을 누립니다. 그러면 하나님 아버지와 통하는 관계는 어떻게 시작하고 유지됩니까? 아버지가 말씀하실 때 그 말씀에 반응하면 통하는 것입니다.

마찬가지로, 하나님과 마음이 통하는 기도는 그분과 동행하는 기초가 됩니다. 예수님과 동행하고 그분께 순종할 때 예수님의 생명이 우리에게 흐르기 시작합니다. 그 덕분에 우리 인격이 변하고 삶이 바뀌는 것입니다. 하나님과 교통하는 기도를 하면, 하나님의 가치가 내 가치가 되고, 하나님의 원리가 내 원리가 되며, 그분의 목표가 내 목표가 되고, 그분이 바라시는 것을 바라게 됩니다. 또 우리는 하나님이 좋아하시는 것을 좋아하는 사람으로 변화됩니다.

기도는 아버지와 나, 두 인격 사이의 교통이자 교제입니다. 아버지 말씀을 잘 듣고 그것에 순종하는 자녀처럼, 하나님의 말씀에 뿌리내린 기도를 할수록 우리는 하나님을 더욱 닮아가게 될 것입니다. 크리스천의 기도는 이교도들의 기도와 다릅니다. 우리는 하나님으로부터 무언가를 얻어내려고 기도하는 것이 아닙니다. 만약 우리가 기도해서 얻은 것으로만 살아간다면 지금까지 살아남지 못했을 것입니다. 우리가 일일이 기도하지 않아도 하나님은 우리에게 얼마나 많은 것을 주고 계십니까?

하나님이 우리 기도에서 원하시는 것은 교제입니다. "얘야, 왜 너 혼자 그 문제로 속을 썩이고 있니? 도대체 나는 너에게 뭐니? 나는 너를 위해 내 아들까지 주었는데 너는 아직도 나를 그렇게 못 믿겠니?" 정 없는 자녀 때문에 하나님은 많이 섭섭해하십니다. 인격성 있는 기도를 원한다면 말씀을 꽉 붙들어야 합니다.

기도의 생산성

마지막으로 하나님의 말씀은 우리 기도에 생산성을 제공합니다. 말씀으로 기도할 때 새로운 현실을 창출해낼 수 있습니다. 내가 제일 좋아하는 나무는 올리브나무인데, 이 나무는 우리나라처럼 비가 많이 내리고 토양이 비옥한 곳에서는 자라지 못하고 반년 이상 비가 내리지 않는 지중해성 기후에서만 자랍니다. 올리브나무는 15년이 지나도록 열매를 제대로 맺지 못합니다. 왜 15년일까요? 여린 뿌리가 석회암 암반을 파고 들어가 안정적으로 수분이 있는 토양층에 닿기까지 15년이 걸리기 때문입니다. 그러고서는 평균 수령 천 년 동안 열매를 맺는다고 합니다. 올리브나무가 10세기를 살아가면서 열매를 맺을 수 있는 비결은 어디에 있습니까? 바로 뿌리입니다. 그런데 우리 기도 역시 하나님 말씀에 뿌리내릴 때 없는 새로운 현실을 창출하고 잘못된 현실은 개조하는 열매를 맺게 됩니다.

역대상 4장에 보면 읽기 힘든 족보가 이어집니다. 이 세상에 제일 재미없는 것이 남의 집 족보입니다. 흔히 우리 집 족보를 보더라도 내 이름이 있는 곳만 보지, 다른 곳은 잘 보게 되지 않습니다. 역대상 4장에는 다윗의 족보가 나오는데, 우리는 이 부분을 지루해하며 빨리 넘어가려 합니다. 그런데 9절쯤 가면 이런 구절이 나옵니다.

"야베스는 그의 형제보다 귀중한 자라 그의 어머니가 이름하여 이르되 야베스라 하였으니 이는 내가 수고로이 낳았다 함이었더라 야베스가 이스라엘 하나님께 아뢰어 이르되 주께서 내게 복을 주시려거든 나의 지역을 넓히시고 주의 손으로 나를 도우사 나로 환난을 벗어나 내게 근심이 없게 하옵소서 하였더니 하나님이 그가 구하는 것을 허락하셨더라"(대상 4:9-10).

야베스라는 말은 히브리말로 고통이라는 뜻입니다. 왜 그랬는지 잘 알 수는 없지만 그 어머니는 아들의 이름을 고통이라고 지었습니다. "고통아, 젖 먹어야지. 고통아 나가 놀아라. 고통아 너는 잘될 거다." 야베스의 인생은 그렇게 고통으로 시작됩니다.

그런데 고통으로 시작한 야베스는 존귀로 삶을 끝냅니다. 고통이 어떻게 존귀로 바뀌었을까요? 그 변수가 바로 10절에 나옵니다. 현대인의 성경에는 이렇게 나옵니다. "하나님이시여, 나를 축복하시고 나에게 많은 땅을 주시며, 나와 함께 계셔서 모든 악과 환난에서 나를 지켜 주소서." 하나님께 그렇게 기도할 때 그의 고통스러운 현실은 존귀한 현실로 바뀌었습니다. 그에게 없었던 존귀라는 현실이 기도를 통해 창출된 것입니다. 이렇듯 하나님은 당신이 기도로 없는 현실을 창조하고 잘못된 현실을 바꾸기를 원하십니다.

우리 교회의 한 자매가 어느 회사 면접을 보았습니다. 면접 직전에 몹시 불안하고 떨렸습니다. 그런데 가방에서 무엇을 꺼내다가 무언가를 바닥에 떨어뜨렸습니다. 주워보니 그것은 요절이 적힌 리마인더 카드였습니다. 그래서 그 구절을 붙잡고 기도했습니다. 놀랍게도 그 한 번의 면접 후에 바로 취업을 했습니다. 그 카드에 마술 같은 능력이 있었던 것이 아닙니다. 거기에 기록된 하나님의 말씀에 능력이 있었던 것입니다.

    기도할 때 하나님 말씀을 붙들고 기도하십시오. 하나님은 이렇게 말씀하십니다. "그는 시냇가에 심은 나무가 철을 따라 열매를 맺으며 그 잎사귀가 마르지 아니함 같으니 그가 하는 모든 일이 다 형통하리로다"(시 1:3). 그 모든 일에는 우리의 기도도 들어갑니다. 그러니, 제발 말씀을 꽉 붙들고 기도하십시오. 속된 표현으로 말합니다. 말씀을 물고 늘어지며 기도하십시오. 엄청난 기도의 능력을 경험하게 될 것입니다.

4

끈질기계

주께서 또 이르시되 불의한 재판장이 말한 것을 들으라 하물며 하나님께서 그 밤낮 부르짖는 택하신 자들의 원한을 풀어 주지 아니하시겠느냐 그들에게 오래 참으시겠느냐 내가 너희에게 이르노니 속히 그 원한을 풀어 주시리라 그러나 인자가 올 때에 세상에서 믿음을 보겠느냐 하시니라.
누가복음 18:6-8

학교에 '수포자'가 늘고 있다는 말을 들었습니다. '수포자'는 수학을 포기하는 사람을 말합니다. 수학을 포기하면 수학 시간마다 지옥을 경험합니다.

그런데 교회에는 '기포자'가 늘어나고 있습니다. '기포자'는 기도를 포기한 사람들입니다. 기도를 포기한 것은 수학을 포기한 것과는 다른 차원의 심각한 손상을 받습니다. 우리가 하나님의 백성으로 이 땅을 살아가면서 필요한 거룩한 지혜와 능력을 공급받을 수 있는 통로는 기도뿐이기 때문입니다. 그 기도의 통로가 단절되면 하늘의 지혜와 동력이 우리에게 흘러들어올 방법이 없습니다.

나는 동물의 왕국 같은 자연 다큐멘터리 프로그램을 좋아합니다. 사자가 자기 몸보다 훨씬 더 큰 초식 동물을 공격하는 모습을 눈여겨본 적이 있습니다. 제 몸의 몇 배나 되는 초식 동물을 공격할 때 사자가 어디를 물고 늘어지는지를 보고 섬찟섬찟해졌습니다. 사자는 꼬리나 허벅지나 엉덩이를 물지 않습니다. 반드시 먹이로 삼은 동물의 목 아래쪽을 물고 늘어집니다. 왜 그렇게 할까요? 산소가 공급되는 길, 기도(氣道)를 차단하기 위해서입니다. 사탄이 하나님의 백성을 공격할 때도 영적인 기도(氣道)인 기도(祈禱)에 초점을 둡니다. 기도를 봉쇄하면 성도가 성도다운 삶을 살 수 없게 되기 때문입니다.

당신의 아이가 인절미를 잘못 삼켜 기도가 막혀 얼굴이 새파랗게 질려가고 있다고 상상해보십시오. 그때 당신의 가장 절박한 소원은 무엇이겠습니까? 아이의 키가 자라는 것이겠습니까? 혹은 아이가 좋은 성적을 받거나 말 잘 듣기를 바라겠습니까? 아닙니다. 숨 쉬는 것뿐입니다. 아이를 거꾸로 들든지, 뒤에서 배를 감싸 안고 토하도록 유도하든지, 등을 두드리든지 기도를 막고 있는 그 물질을 빼내려 할 것입니다.

아이가 자기 능력으로 호흡하지 못해 산소 호흡기에 의존하여 살고 있다면, 그것을 바라보는 부모의 가장 절박한 소원이 무엇이겠습니까? 스스로 호흡할 수 있게 되는 것 아니겠습니까? 바로 하나님의 마음이 그렇습니다. 기도(祈禱)가 막혀 있기 때문에 기도(氣道)가 막힌 짐승처럼 맥을 못 추는 우리에게 하나님이 바라시는 점은 "기도해라. 끈질기게 기도해라"입니다.

어떻게 해야 우리의 영적인 기도(氣道)인 기도(祈禱)가 막히지 않고 늘 열린 채 유지될 수 있을까요? 이것은 우리의 영적 삶을 유지하는 데 대단히 중요한 질문입니다. 예수님은 누구라도 이해할 수 있는 쉬운 그림에 그 질문에 대한 답을 담아주셨습니다. 그것이 바로 불의한 재판관 비유입니다.

비유를 해석할 때 유념해야 할 점이 있습니다. 비유의 모든 글자와 문장에 의미가 있는 것이 아니라 한 가지에 초점을 맞추어 이 비유를 봐야 한다는 것입니다. 즉 이 비유에서는 불의한 재판관이나 과부의 억울한 사정에 초점이 있는 것이 아닙니다. 핵심은 '끈질기게 기도하라'는 것입니다. 이 비유를 통해 예수님은 우리에게 말씀하고 계십니다. "기도를 포기하지 말고 지속해라. 끈질기게 기도해라."

이 비유는 하나님의 마음이 어떤지를 비추어줍니다. 하나님은 야고보서 4장 2절에 나왔던 탄식을 하고 계십니다. "너희가 얻지 못함은 구하지 아니하기 때문이요." 우리가 왜 하늘의 지혜와 하늘의 동력을 얻지 못합니까? 하나님은 우리가 끈질기게 기도하지 못하기 때문이라고 말씀하시는 것입니다. 그런데 여기에는 하나님의 탄식뿐 아니라 그분의 약속도 드러납니다. "하나님께서 그 밤낮 부르짖는 택하신 자들의 원한을 풀어 주지 아니하시겠느냐 그들에게 오래 참으시겠느냐 내가 너희에게 이르노니 속히 그 원한을 풀어 주시리라"(눅 18:7-8). 다른 말로 하면, '곧바로 응답하겠다, 반드시 원한을 풀어주겠다'는 약속입니다.

우리 마음에 질문 두 개가 떠오릅니다. 첫째, 왜 하나님은 자동판매기처럼 우리가 기도한 것에 즉각 응답하지 않으실까? 왜 이렇게 시간을 끄셔서 응답받는 데 오래 걸리는 걸까? 왜 '끈질기게' 안 주셔서 우리로 '끈질기게' 기도하게 하실까? 둘째, 우리는 어떻게 기도(氣道)가 막히지 않는 끈질긴 기도, 즉 중단 없는 기도를 할 수 있을까?

하나님은 우리에게 최상의 것을 주고 싶어 하는 아버지이십니다. 예수님은 이렇게 말씀하셨습니다. "적은 무리여 무서워 말라 너희 아버지께서 그 나라를 너희에게 주시기를 기뻐하시느니라"(눅 12:32). 하나님은 자신의 나라를 우리에게 주기를 기뻐하십니다.

옛날 성경 이야기 하나가 생각이 납니다. 에스더라는 페르시아 왕비가 자기 목숨을 걸고 아하수에로 왕에게 나아갑니다. 그 나라 법에 따르면 왕이 부르지도 않았는데 왕 앞에 나아가면 누구나 즉각 처형당할 수 있었습니다. 에스더는 민족을 살려달라고 구하고자 왕앞에 목숨을 걸고 나아갔습니다. 왕은 앞으로 나아온 에스더에게 홀을 내밀었습니다. 그 끝을 에스더가 잡자 왕은 이렇게 말합니다. "에스더여, 그대의 소원이 무엇이며 요구가 무엇이냐? 나라의 절반이라도 그대에게 주겠노라"(에 5:3). 페르시아 제국이 얼마나 큰 나라입니까? 그런데 황제는 그 제국의 절반을 달라고 해도 주겠다고 말했습니다. 허세와 객기의 표현이기는 하지만 실로 엄청난 약속입니다. 그러나 우리 하나님은 하늘나라의 일부를 주겠다고 하지 않으시고 하나님 나라를 우리에게 주기를 기뻐한다(눅 12:32)고 말씀하십니다.

그런 하나님이 무엇 때문에 우리가 기도하는 바를 바로 들어주지 않으실까요? 우리의 속 타는 마음을 즐기기라도 하는 듯이 그렇게 오래 끄시는 이유가 무엇일까요? 하나님이 힘이 달려서 그러실까요? 아닙니다. 하나님은 눈 깜빡할 사이에 응답할 능력이 있으십니다.

마가복음 9장을 보면 변화산 산기슭에서 제자들이 한 아이 속에 들어간 귀신을 쫓아내려고 씨름하는 장면이 나옵니다. 제자들이 귀신을 쫓아내지 못하자 그 아버지는 산에서 내려오시는 예수님께 와서 말합니다. "무엇을 하실 수 있거든 우리를 불쌍히 여기사 도와주옵소서"(막 9:22). 풀어 말하자면 이런 표현이 됩니다. "예수님이 할 수 있으시다면, 그러니까 가능하시다면, 그럴 만한 능력이 있으시다면, 제 아이에게서 귀신을 좀 내쫓아주십시오." 그러자 예수님은 뭐라고 말씀하셨습니까? "할 수 있거든이 무슨 말이냐 믿는 자에게는 능히 하지 못할 일이 없느니라"(막 9:23). 풀어 말하자면, "나의 능력이 없는 것이 문제가 아니라, 너의 믿음이 없는 것이 문제다"라고 말씀하시는 것입니다.

아브라함이 75세 때 하나님은 아들을 주겠다고 약속하셨습니다. 그런데 아이를 손에 안을 때까지 아브라함은 몇 년을 기다리고 기도해야 했습니까? 25년을 더 기다리며 기도해야 했습니다. 우리 같았으면 이미 기도를 접었을 것입니다. 그러나 아브라함은 25년 동안 그 약속을 붙들고 기도했습니다. 25년이 지난 후, 그의 나이 백 세에 하나님은 그 약속을 이루어주셨습니다. 왜 그러셨을까요?

친구 나사로가 죽어간다는 전갈을 받고도 예수님은 즉각 그리로 달려가지 않으시고 이상하게 시간을 지체하셨습니다. 4일이 지나도록 말입니다. 이제 시체에 뚫린 구멍이란 구멍에서 썩은 물이 나오기 시작합니다. 썩은 냄새가 진동합니다. 그때가 되어서야 예수님은 그에게로 오셨습니다. 그리고 그를 살리셨습니다. 왜 하나님은 곧바로 가서 되살리지 않으셨을까요? 왜 죽기 전에 고쳐주지 않으셨을까요? 썩기 전에 살리지 않고 그렇게 4일이나 기다리셨을까요?

여리고 성을 하루에 한 바퀴씩 6일을 돌고 마지막 날에는 일곱 바퀴를 돌아야 했습니다. 왜 그렇게 하셨을까요?

하나님께 우리가 속 타는 것을 내심 즐기는 고약한 취미가 있으신 것은 아닐까요? 그러다가 생색내듯 딱 들어주심으로, 우리가 "이 은혜는 절대 잊지 않겠습니다"라고 반응하기를 바라시는 걸까요?

아닙니다. 전혀 그런 것이 아닙니다. 하나님이 우리 기도에 즉시 응답하지 않으시는 이유는 하나님 때문이 아니라 우리 때문입니다. 끈질기게 기도하는 것은 하나님을 항복시키기 위해서가 아닙니다. 그분을 괴롭혀 "알았다. 알았다. 그만 좀 해라"는 말이 나오도록, 지겹고 귀찮아서 응답하시게 하려고 그러는 것이 아닙니다. 끈질긴 기도는 하나님의 마음을 바꾸기 위해서가 아니라 우리 마음을 바꾸기 위해서 필요한 것입니다. 우리는 얼마나 조급합니까? 봉지 라면을 끓이는 것도 음식을 준비하는 빠른 방법인데, 그마저도 시간이 여의치 않을 때는 컵라면을 찾지 않습니까? 이런 조급한 시대에 사는 우리에게 끈질긴 기다림은 힘든 일이 아닐 수 없습니다.

그러나 생각해보십시오. 가치 있고 의미 있는 일치고 기다림 없이 되는 일이 있습니까? 없습니다. 아기 예수님이 태어나자마자 성인이 되게 하면, 교육비니 생활비가 안 들어서 더 효율적일 텐데 하나님은 왜 그렇게 긴 세월을 기다리셨을까요? 그런데 그것이 바로 하나님의 계획입니다. 자녀를 키우면서 우리는 하나님의 사람으로 자라갑니다. '아, 아버지가 되어보니까 알겠다. 나를 향한 하나님의 마음이 뭔지를 알겠다.' 결국 한 사람이 얼마나 성숙한지는 얼마나 기다릴 수 있는가와 비례합니다.

어린 시절 시골에서 자란 제게 고구마에 대한 미안한 추억이 있습니다. 밭이랑에 고구마 순을 꽂아 심어놓고는 물을 줍니다. 그 일은 대부분 내 책임이었습니다. 그러는 내내 나는 궁금해서 견딜 수가 없었습니다. 고구마가 뿌리를 내렸는지, 얼마나 굵어졌는지 보고 싶었기 때문입니다. 하루가 멀다고 가서 밑을 후벼보면 아무 일도 벌어지지 않은 것 같습니다. 다시 흙을 덮어주지만, 내가 후벼놓은 그 고구마 순은 반드시 말라 죽었습니다. 며칠 있다가 그다음 것을 파봅니다. 겨우 실뿌리가 나왔습니다. 내가 다시 흙을 덮어주었지만 그 순도 죽었습니다. 그렇게 밭 가장자리 줄의 고구마가 다 죽을 때까지 몰래 가서 파보았습니다. 그러나 아버지는 단 한 번도 그렇게 하신 적이 없었습니다. 오히려 고구마의 영양을 도둑질하는 잡초를 뽑고, 흙을 북돋우며 고구마 알이 차기를 기다리셨습니다. 수확의 날까지 조급해하지 않으셨던 아버지 그리고 자꾸 가서 파보는 조급한 나, 왜 그렇게 다르게 반응했을까요? 성숙함이 달랐기 때문입니다.

　우리가 얼마나 자기중심적인지를 하나님은 아십니다. 만약 하나님이 우리가 구하는 것을 즉시 주시면 우리는 그분을 하늘의 도우미나 머슴쯤으로 생각할 것입니다. 하나님을 사랑하거나 의지하지도, 소망하지도 않을 것입니다. 하나님께 받은 것을 사랑하고, 그분께 얻은 것을 의지하며, 그분이 주신 것을 소망하며 일생을 살 것입니다. 주님은 그것을 다 알고 계십니다. 또 우리는 얼마나 자기 의존적인 존재입니까? 당장 어려운 일이 없으면 기도하기를 게을리합니다. 그러니 하나님이 어려움이 없도록 우리 모든 삶을 다 채워주셨을 때 우리 중에 믿음을 유지하고 살 사람은 누가 있겠습니까? 한 사람도 없습니다. 예수님은 이렇게 말씀하셨습니다. "인자가 올 때에 세상에서 믿음을 보겠느냐"(눅 18:8)? 끊임없이 주님과 동행하는 믿음을 말세에 보겠느냐는 말씀입니다.

그러므로 끈질기게 기도해야 하는 것은 하나님 때문이 아니라 우리 때문입니다. 우리가 성숙해지기 위해서입니다.

그러면 어떻게 해야 기도가 끊임없이 자라고, 높아지며, 넓어질 수 있을까요? 탈무드에 더 서클 메이커(the Circle Maker)라는 사람의 이야기가 나옵니다. 유대 땅에 끔찍한 흉년이 찾아왔습니다. 비가 오지 않자 밭의 작물들은 다 타 죽어버렸고, 짐승들은 물을 마시지 못해 여기저기서 쓰러져 죽어갔습니다. 그때 모든 사람에게 존경받는 호니라고 하는 지도자가 있었습니다. 사람들이 경건한 사람 호니에게 몰려와서 간청했습니다. "기도해주세요. 비가 오도록 기도해주세요." 호니는 가지고 있었던 자기 키보다 큰 지팡이로 자기 주변에 동그라미를 그렸습니다. 그리고 그 자리에 앉았습니다. "주님, 비를 주시기 전까지 저는 절대 이 자리에서 일어나지 않을 것입니다. 절대 이 원 밖을 나가지 않을 것입니다." 자기의 생명을 걸고 기도하기 시작합니다.

그러자 하늘에 구름이 끼더니 비가 뚝뚝 내리기 시작했습니다. 사람들은 환호하며 소리쳤지만, 그는 이렇게 기도했습니다. "하나님, 제가 약간만 비를 내려달라고 이렇게 주님께 기도하는 것이 아닙니다. 저는 모든 도랑과 시내가 다 채워지고, 모든 골짜기가 물로 그득해지며, 모든 동굴에 물이 차기까지 비가 내리길 바랍니다." 그러자 물 한 방울이 달걀 크기인 비가 쏟아져 사람들이 그 빗방울에 다치거나 죽는 일이 생겼습니다. 짐승들도 빗방울에 맞아 퍽퍽 쓰러질 정도였습니다. 그러자 그는 또 기도했습니다. "하나님 제가 바라는 것은 이렇게 포악스러운 비가 아니라 하나님의 자비와 긍휼을 보여주는 비입니다." 그러자 하나님이 비의 줄기를 조정해주셨습니다. 그날 이후로 그의 별명은 '써클 메이커'가 되었습니다. 말 그대로를 번역하자면 '원을 그린 사람'이 되겠지만, 영적으로 번역하면 '끈질기게 기도한 사람, 끈질기게 기도해서 닫힌 하늘에서 비가 내리게 한 사람' 정도로 부를 수 있을 것입니다.

당신은 지금 어떤 문제를 놓고 원을 그렸습니까? '이 기도 제목이 이루어지기까지 절대 기도를 포기하지 않겠습니다'라고 각오한 기도 제목은 몇 가지나 됩니까? 남편의 회심을 위해 2년이나 기도했는데 돌아올 기미가 보이지 않아 자포자기하고 있습니까? 자녀가 주님을 알고 경건한 믿음의 유산을 물려받기를 원하여 10년이나 기도했는데 별 진척이 없어서 그만두었습니까? 당신은 기도를 포기한 것이 아니라 하나님이 당신 가정과 생애에 그분의 영광을 보여줄 기적을 스스로 접은 것입니다. 나는 오늘 당신이 다시 그 기도 제목에 동그라미를 치고 이렇게 선언하기를 촉구합니다. "내가 죽을 때까지 이 자리를 떠나지 않을 겁니다. 주님이 응답을 주시는 날까지 이 기도를 내 입에서 끊지 않을 것입니다." 어떻게 하면 그렇게 할 수 있을까요?

목표에 시선 고정

첫째, 목표에 시선을 고정해야 합니다. 주님께 받아야 할 기적이 무엇인지 정확한 정의가 있어야 합니다. 어떤 사람에게는 그것이 관계의 문제일 수도 있고, 어떤 사람에게는 산업의 문제일 수도 있습니다. 또 어떤 사람은 자기 건강이나 재산 문제일 수 있습니다. 중요한 점은 거룩한 도전, 곧 확실한 목표에 시선을 고정해야 한다는 것입니다. 불의한 재판관의 비유에 나오는 과부에게는 확고한 목표가 있었습니다. 재판관이 자신의 원한을 풀어주는 것입니다. 본문에는 네 번이나 원한이라는 말이 등장합니다.

써클 메이커 호니가 끈질기게 기도하고 하늘의 비를 간구할 수 있었던 모델이 있습니다. 그 모델은 바로 열왕기상 18장에 나오는 엘리야입니다. 엘리야는 무엇을 목표로 고정하고 기도했습니까? 바로 비가 내리는 것이었습니다. 3년 반 동안이나 이스라엘에 비가 한 방울도 오지 않아 모두 죽을 지경이었습니다. 그래서 엘리야는 비를 목표로 기도했습니다. 끈질긴 기도의 첫 단계는 무엇을 구해야 할지 분명히 동그라미 치는 것입니다. 당신은 어떤 기도 제목에 동그라미 쳤습니까?

예수님이 여리고를 통과하실 때 시각 장애인 한 명이 예수님이 오신다는 소문을 들었습니다. "소경의 눈을 뜨게 하는 예수, 그 예수가 여리고를 통과하신대요!" 그날이 와서 여기저기 사람들이 모이고 떠드는 소리가 들렸습니다. 화두는 예수님이었습니다. 예수님이 점점 가까이 오신다는 것을 알았을 때 그는 소리를 질러대며 부르짖었습니다. 사람들이 조용히 하라고 꾸짖어도 계속 외쳤습니다. "다윗의 자손이여 나를 불쌍히 여기소서"(눅 18:39). 예수님이 그 앞에 발걸음을 멈추고 물으십니다. "네게 무엇을 하여 주기를 원하느냐?"(눅 18:41). 그런 질문은 참으로 어처구니가 없어 보입니다. 왜 예수님은 가장 원하는 것이 무엇인지 그에게 물어보셨을까요? 앞을 못 보는 사람이 가장 바라는 것이 눈을 뜨는 것임을 누구라도 다 알 수 있지 않습니까? 왜 예수님은 다 아시면서 "내가 뭘 해줄까?"라고 물으셨을까요? 그것은 그가 무엇을 구할지, 그가 정말 예수님께 그것을 얻기 원하는지를 확실히 하기 위해서입니다.

주님이 당신에게 "내가 무엇을 해주기를 원하느냐?"라고 물으실 때 당신이 동그라미 친 기도 제목은 무엇입니까? 그것이 없다면 당신의 기도 생활은 펑크 난 타이어같이 주저앉은 것입니다. "주님, 제가 오늘 죽더라도 이것은 꼭 보고 죽고 싶습니다. 이 기도가 응답되는 것을 보고야 말 것입니다." 그렇게 동그라미 칠 기도 제목을 설정해야 합니다.

흔히 범하는 세 가지 잘못이 있습니다. 첫째, 내가 원하는 탐욕에 동그라미 치는 것입니다. "주님, 저는 돈을 아주 많이 벌고 싶습니다." 주님이 물으십니다. "왜 그렇게 돈을 많이 벌고 싶은데?" "원 없이 써보고 싶어서요." 한때 한국 교회에서 남의 땅이나 남의 건물을 돌거나 머릿돌에 손을 얹고 기도하는 것을 '좋은 믿음'이라고 여겼던 적이 있습니다. "주님, 이 땅, 우리 땅 되게 해주세요. 주님, 이 건물

제 것 되게 해주세요." 그러나 그것은 도둑질하는 것입니다. 왜 하나님이 그 땅이나 집을 당신에게 주셔야 합니까? 만약 누군가 당신 소유의 부지나 건물을 돌며 그런 해괴한 기도를 한다면 어떻게 반응하겠습니까? 끈질긴 기도란 내가 원하는 것을 하나님께 받아내고자 그분과 씨름하는 것이 아닙니다. 우리가 끈질기게 기도할 것은 주님의 영광과 많은 사람의 유익, 주님 안에서 누릴 나의 행복을 위한 것입니다. 그것이 우리가 구해야 할 목표이자 동그라미 쳐야 할 기도 제목입니다.

둘째, 우리는 흔히 작게 구하는 잘못을 범합니다. 많은 사람은 소심한 것을 겸손한 것이라고 착각합니다. 하지만 그것은 대부분 불신앙의 표출일 수 있습니다. 당신 앞을 가로막는 홍해가 갈라지도록 기도하십시오. 당신 앞에 버티고 선 여리고가 무너지도록 기도하십시오. 또 당신의 잃어버린 쇠도끼가 수면 위로 떠오르도록 기도하십시오. 우리는 기적이 일어나도록 기도해야 합니다.

셋째, 많은 사람이 충분히 일어날 수 있을 법한 일을 두고 기도하고 불가능한 일에 대해서는 기도하지 않는 잘못을 저지릅니다. 우리 생각에 힘을 모아 열심히 하면 될 일만 기도하려고 합니다. 아무리 생각해도 죽었다 깨어나도 안 될 불가능한 일은 기도하기를 꺼립니다. 40년 전, 친구 한 명이 복음 전도의 문이 닫힌 한 나라를 두고 계속 기도하는 것을 보았습니다. 그 모습을 보면서 나는 속으로 '지금 열린 나라도 많은데 왜 하필이면 열릴 기미도 안 보이는 나라에 복음의 문을 열어달라고 기도하지?' 하지만 이런 생각은 잘못된 것이었습니다. 그 친구는 그 나라 가까이에 가서 줄기차게 기도하기 시작했습니다. 그리고 10년이 안 되어 그 나라가 열렸고 친구는 가장 먼저 그 나라에 들어가 지금 그 지역 선교에서 가장 중요한 지도자가 되었습니다. 목표를 정확하게 세우고 동그라미를 치십시오. 그리고 마치 호니가 동그라미에 앉아서 응답받기 전에는 여기서 나가지 않겠다고 결단한 것처럼 거기 기도를 고정하십시오.

약속을 붙들고

둘째, 시선을 고정한 다음에는 약속을 당신의 손에 붙들어 매십시오. 나는 그것을 거룩한 확신이라고 말하겠습니다. 불의한 재판관 비유에서, 과부가 하도 떼를 써서 재판관이 어쩔 수 없이 응답했다고 생각하는 것은 옳지 않습니다. 과부가 막무가내로 떼를 쓴 것이 이 비유의 핵심이 아닙니다. 과부는 정당한 요구를 하고 있었습니다. 원어 성경에 보면 "나의 정당한 권리를 찾게 해주십시오"라고 재판장의 양심을 계속해서 찔러대는 것이 확실하게 드러납니다.

 엘리야가 "비를 내려주실 때까지 이 무릎을 풀지 않겠습니다" 하고 무릎을 꿇고 기도할 때 그것은 막무가내로 떼쓰는 기도가 아니었습니다. 그렇게 기도할 수 있었던 이유는 하나님의 약속이 있었기 때문입니다. "많은 날이 지나고 제삼 년에 여호와의 말씀이 엘리야에게 임하여 이르시되 너는 가서 아합에게 보이라 내가 비를 지면에 내리리라"(왕상 18:1). '내가 비를 지면에 내리리라.' 엘리야는 그 약속을 단단히 붙잡고 기도한 것입니다. 끈질기게 기도할 힘은 하나님의 말씀에서 옵니다.

> "너는 내게 부르짖으라 내가 네게 응답하겠고 네가 알지 못하는 크고 비밀한 일을 네게 보이리라"(렘 33:3).
> "만군의 여호와께서 맹세하여 이르시되 내가 생각한 것이 반드시 되며 내가 경영한 것을 반드시 이루리라"(사 14:24).

그런데 이 약속들에 대해 다른 차원의 의구심을 품은 성도가 많습니다. '그 약속은 예레미야나 유다 백성에게 주신 것인데, 어떻게 나에게 주신 약속이나 되는 것처럼 붙들고 주장할 수 있지?' '남에게 준 약속을 내 것처럼 끌어다 쓰는 것은 아전인수(我田引水) 아닌가?' 아닙니다. 그렇게 생각한다면 당신은 결코 힘 있고 끈질기게 기도할 수가 없습니다. 왜냐하면 나에게 주신 하나님의 약속을 붙들고 하는 것이 기도이기 때문입니다.

나도 예전에 그런 생각을 하며 혼란스러웠던 적이 있습니다. 그래서 잠깐 어떻게 성경의 약속들을 자기 것으로 연결할 수 있는지 설명하려고 합니다. 성경에는 하나님이 백성에게 주신 3천 개가 넘는 약속이 있습니다. 컴퓨터나 핸드폰을 쓰는 사람이라면 하이퍼링크라는 단어를 잘 알 것입니다. 이는 기기 둘을 연결해 데이터를 공유하는 것입니다. 성경에 있는 3천 개가 넘는 하나님의 약속이 어떻게 오늘 이 자리에 있는 나와 연결되고 공유됩니까? 그 답은 예수님의 십자가에 있습니다. 예수님이 십자가에서 죽으시고 다시 살아나심으로 그분을 믿는 우리는 하나님의 백성이 되었습니다. 그러므로 하나님이 백성에게 주신 모든 약속은 우리가 누려야 할 약속이 됩니다. 하이퍼링크처럼 십자가 구원 안에서 그 약속이 모두 나에게 연결되는 것입니다.

그 많은 기적을 이루신, 그 많은 약속을 주신 분이 우리 아버지가 되셨습니다. 그리고 약속들을 이행하신 예수님이 우리 안에 계십니다. 그 약속을 매일의 내 상황과 연결해주는 성령님의 인도도 있습니다. 그래서 모든 약속에 우리가 하이퍼링크될 수 있는 것입니다. 사도 바울은 이렇게 말했습니다. "하나님이 아무리 많은 약속을 하시더라도 그것이 그리스도 안에서 '예'라는 응답으로 이루어지기 때문에 우리가 그리스도를 통해 '아멘' 하고 하나님께 영광을 돌리게 되는 것입니다"(고후 1:20, 현대인의 성경). 끈질기게 기도하려면 하나님의 약속을 손에 붙들어 매야 합니다.

죽기 살기로

셋째, 끈질기게 기도한다는 것은 어떻게 한다는 뜻입니까? 죽기 살기로 매달리는 것입니다. 거룩한 투지를 불태우는 일입니다. 안타깝게도 많은 성도가 죽기 살기로 기도하지 않습니다. 한두 번 기도하다가 안 되면 포기합니다. 마치 "주기 싫으세요? 알았어요. 나도 열심히 살면 그만큼 할 수 있어요"라고 말하는 것과 같습니다. 여기에는 하나님의 도움은 있어도 좋고, 없어도 그만이라는 메시지가 담겨 있습니다. 아닙니다. '이 기도를 들어주시지 않으면 난 죽는다'는 절박함이 필요합니다. 그런 기도가 바로 죽기 살기 기도입니다. 비유에 나오는 과부는 "자주" 그에게 갔고(눅 18:3) "늘" 갔습니다(눅 18:5). 하나님은 "밤낮 부르짖는"(눅 18:7) 자들의 기도를 들으신다고 말씀하셨습니다. 엘리야는 무릎 사이에 얼굴을 묻고 기도했습니다. 너무 절박하게 기도하다 보니 머리가 점점 들어가서 무릎 사이로 들어갈 때까지(왕상 18:42) 기도한 것입니다.

세상일에 성공하고 싶다면 쉽게 포기하지 말아야 합니다. 여기 집적대고 저기 집적대는 사람은 절대 성공할 수 없습니다. 한 우물을 파야 합니다. 물을 볼 때까지 파야 합니다.

김연아 선수 이야기가 생각납니다. 그녀가 한 끈질긴 집념의 연습이 우리를 부끄럽게 합니다. 그녀는 휴일을 빼고 1년에 3백 일, 오전 9시부터 새벽 1시까지 매일 16시간씩 연습을 했다고 합니다. 점프 훈련만 하루에 30번을 했다는데 1년이면 9천 번입니다. 그런 연습을 13년 동안 계속했습니다. 그래서 그녀는 피겨 여왕이 될 수 있었습니다. 이것이 성공하는 사람과 포기하는 사람의 차이입니다. 전설적인 바이올리니스트 사라사테는 이렇게 말했습니다. "37년간 하루도 빠짐없이 14시간씩 연습했는데 사람들은 나를 천재라고 부르네요."

스펄전 목사님이 어느 날 한 청년을 만났습니다. 그 청년이 물었습니다. "목사님, 저도 꼭 응답받는 기도를 하고 싶은데 제가 어떻게 하면 목사님처럼 응답받을 수 있을까요?" 스펄전 목사가 정말 배우기를 원하느냐고 묻자 청년은 그렇다고 대답했습니다. 그러자 목사님이 그를 데리고 욕실로 가더니 물을 가득 받은 욕조에 청년의 머리를 처박았습니다. 그러자 이 청년이 어떻게 했겠습니까? 예의 바르게 "목사님, 저 숨넘어가요! 저를 꺼내주셔야 할 다섯 가지 이유를 말씀드리겠습니다"라고 했을까요? 그럴 리가 있겠습니까? 청년은 온몸을 버둥거리며 소리를 지르고 살려달라고 애원했습니다. 그때 목사님은 그를 끄집어내며 말했습니다. "지금 한 것처럼 기도하면 되네."

당신은 언제 그런 기도를 해보았습니까? 심각한 문제를 놓고 금식하며 기도한 적은 언제입니까? 무릎을 꿇고 간절히 기도하다 다리가 마비되어 일어나지도 못한 적은 언제입니까? 밤을 새워가며 주님께 기적처럼 간섭해주시기를 기도한 적은 언제입니까? 죽기 살기로 매달려 기도했던 우리 선배들이 돌아가시고, 기도의 맛도 모르고 기도의 야성을 잃어버린 2세대가 한국의 기독교를 냉랭하게 변질시키고 있습니다. 죽기 살기로 기도해야 합니다.

끝을 보기까지

마지막으로, 끝을 보기 전에는 기도를 끝내지 말아야 합니다. 끝내지 않는 것은 거룩한 집념입니다. 과부는 원한이 풀어질 때까지 기도했습니다. 엘리야는 비가 쏟아질 때까지 기도했습니다. 기도는 백미터 경주가 아닙니다. 마라톤입니다. 마귀는 끈질기게 우리를 방해합니다. 하나님과 우리 사이에 상황을 슬쩍 끼워 넣습니다. "그렇게 상황 파악이 안 되냐? 이제 끝난 거야. 몇 년을 기도했는데 네 기도가 안 이루어지는 거 보면, 하나님은 너에게 관심도 없는 게 확실하지 않냐?" 속지 마십시오. 하나님의 침묵은 문장의 끝이 아닙니다. 그것은 하나님의 쉼표입니다. 하나님의 쉼표를 마침표로 읽으면 안 됩니다. 여리고를 돌 때 그 자리에 당신도 있었다고 상상해보십시오. 열한 바퀴를 돌았는데 어디 실금 하나 나지 않았습니다. 얼마나 맥이 빠질까요? 그래서 '열한 번씩이나 돌아도 안 되는 걸 보면 이 일은 안 되는 일이다'라고 중단했다면 어떤 일이 벌어졌을까요? 우리는 너무 쉽게, 너무 일찍 포기합니다. 기도를 포기하는 것은 기적을 포기하는 것입니다.

기도를 중단하지 마십시오. 끈질기게 기도하십시오. 바보처럼, 과부처럼 기도하십시오. 엘리야처럼 기도하십시오. 하나님이 "너 참 지독하게 고집 세다. 똥고집이 있구나?"라고 하실까요? 아닙니다. 예수님이 마태복음 7장에서 우리에게 그렇게 하라고 하셨습니다. "구하라 그리하면 너희에게 주실 것이요 찾으라 그리하면 찾아낼 것이요 문을 두드리라 그리하면 너희에게 열릴 것이니"(7절). 여기에 나온 세 동사 '구하라, 찾으라, 두드리라'는 모두 현재형 동사입니다. 그리스어 현재형 동사에는 '끊임없이, 쉬지 말고, 포기하지 말고, 마침

표 찍지 말고 지속해서'라는 뜻이 담겨 있습니다.

  주님은 이렇게 말씀하십니다. "과부처럼 끈질기게 부르짖어라." 하도 문을 끈질기게 두드려서 손마디 피부가 다 벗겨지고 뼈가 튕겨 나올 정도로 끊임없이 두드려라. 목이 쉬어서 소리가 나오지 않을 때까지 끈질기게 두드려라. 눈물이 다 말라붙을 때까지 끈질기게 요구해라. 그렇게 끈질기게 기도할 때 우리는 하나님의 기적이 내 삶에 연결되는 것을 경험하고 간증하게 될 것입니다. 끈질기게 기도하십시오.

당신은 언제 그런 기도를 해보았습니까?
무릎을 꿇고 간절히 기도하다 다리가 마비되어
일어나지도 못한 적은 언제입니까?
밤을 새워가며 주님께 기적처럼 간섭해주시기를
기도한 적은 언제입니까?

5

항상

다니엘이 이 조서에 왕의 도장이 찍힌 것을 알고도 자기 집에 돌아가서는 윗방에 올라가 예루살렘으로 향한 창문을 열고 전에 하던 대로 하루 세 번씩 무릎을 꿇고 기도하며 그의 하나님께 감사하였더라. **다니엘 6:10**

육체미 대회에서 입상한 한 선수에게 기자가 질문했습니다. "무엇을 위해 그처럼 우람한 근육을 다듬으신 겁니까?" 보디빌더는 무엇을 위해 근육을 다듬었는지에 대해서는 아무 말도 하지 않았습니다. 그 대신 기자 앞에서 뒤로 옆으로 여러 자세를 취하며 자신의 근육이 얼마나 훌륭한가를 보여주었습니다. 다시 기자가 묻습니다. "그 근육을 어디다 쓰시게요?" 그래도 보디빌더는 그 질문에 아무런 대답도 하지 않았습니다. 일상을 살아가는 데 이런 우람한 근육이 항상 필요하지는 않습니다. 이 엄청난 근육은 다른 사람들에게 자신의 단련된 몸을 보여줄 때 필요합니다.

이 선수의 이야기를 읽을 때 이것이 우리 모습이 아닌가 하는 생각이 들었습니다. 우리는 QT 시간에 열심히 기도합니다. 또 성경을 통독하고 성경 공부를 합니다. 내 마음에 그 기자의 질문이 다시 떠오릅니다. "그것들을 어디다 쓰시게요?" 우리가 이런저런 훈련으로 영적 근육을 단련해야 하는 이유는 무엇입니까? 영적인 근육을 만들어 우리가 얼마나 경건한 사람인지를 하나님께 보여드리기 위해서입니까? 아니면 그 행위 자체가 주는 신비한 영적 체험을 즐기기 위해서입니까? 혹은 영적 근육을 단련함으로써 세상이 줄 수 없는 위로와 평강을 누리기 위해서입니까?

아닙니다. 우리가 이런 영적인 근육을 단련해야 하는 이유는 일상을 살아가기 위해서입니다. 한국 교회가 사람들의 존경심을 잃어버린 이유 중 하나는 한국 교회 성도들 안에 깊이 배어 있는 이원론(二元論) 때문입니다. 이원론이란 하나님께 속해 있는 것은 모두 거룩하고 세상에 속한 것은 모두 속되다고 생각하는 것입니다. 많은 성도가 성과 속을 갈라, 교회에서 이루어지는 일은 다 성스럽고 세상에서 이루어지는 일은 다 속되다고 생각합니다. 이런 생각 때문에 신앙과 삶이 분리되고, 기도 생활과 일상이 분리되며, 주일의 삶과 평일의 삶이 분리되고 말았습니다.

우리 일상을 평범하고 단조롭게 반복되며, 특별할 것 없이 하찮아 보이는 삶의 연속인 것같이 느낍니다. 오늘 아침 당신이 한 일을 알아 맞추어볼까요? 아침에 자리에서 일어나 화장실에 갔습니다. 샤워를 하거나 간단하게 머리를 감거나 세수를 했습니다. 그리고 아침을 먹고 이를 닦은 후 옷을 갈아입었습니다. 그러고는 오늘 할 일을 하고자 집을 나섰습니다. 내 말이 틀렸습니까? 우리는 거기서 거기인 평범한 삶을 살아가고 있습니다.

그러나 깊이 들여다보면, 실상은 그렇지 않습니다. 그 일상은 우리가 펼치는 단순한 삶의 현장 이상이자 하나님이 그분의 뜻을 이 땅에 펼치시는 공사 현장입니다. 그 일상은 우리가 파송된 우리의 사역지이며, 우리의 선교지입니다. 또 하나님의 나라가 작동되고 확장되는 하나님의 작업장입니다. '하나님의 나라'라는 말은 매우 추상적이고 개념적인 말입니다. 우리의 일상은 하나님의 나라라는 추상적인 개념이 구체적이고 실제로 구현된 현장입니다.

아침 식사가 하늘 왕이 하사하신 식탁이라고 생각하고 숟가락을 들어보십시오. 당신 앞에서 자라가는 어린 자녀가 하늘 왕께서 당신에게 위탁해주신 하늘 왕의 아이라고 생각해보십시오. 당신이 일하는 직장이 하나님이 나를 보내신 그분의 사역지라 생각하고 사무실 안에 들어가 보십시오. 그곳에서 일어나는 모든 일이 다 의미가 있게 됩니다. 당신의 삶이 컬러 사진이 아니고 흑백 사진처럼 의미나 가치가 없어 보이고 하찮아 보이는 이유는 그곳에서 일어나는 모든 일을 하나님에게서 분리했기 때문입니다. 그 일상을 하나님의 빛 아래에서 보면 우리의 작은 일상, 하찮은 일상, 반복되는 그 작은 일상까지도 컬러 사진처럼 그 의미와 가치가 살아나게 됩니다.

그러므로 당신의 삶의 현장은 하나님이 항상 함께하시는 곳이 됩니다. 그러나 이 삶의 현장은 하나님이 임재하시는 장소일 뿐만 아니라 사단이 끊임없이 공격하는 전쟁터이기도 합니다. 하나님의 목적은 당신의 일상을 세상을 변화시키는 축복의 작업장으로 만드는 것입니다. 그러나 마귀의 목적은 당신의 일상을 통해 하나님의 나라가 세상에 임하지 못하게 방해하고 차단하는 것입니다. 당신은 그 두 의지 사이에 끼어 있습니다. 물론 당신은 마귀의 방해 공작을 깨부수고, 자기 일상을 하나님의 영광으로 채우며, 늘 하나님의 영광을 누리면서 그분의 영광을 드러내기를 바랄 것입니다. 그리고 하나님도 그것을 바라십니다. 그렇게 하기 위해서는 두 가지가 절실히 필요합니다. 첫째는 하늘의 지혜가 필요하고 둘째는 하늘의 능력이 필요합니다. 바울 서신을 읽어보면 늘 그가 성도들을 위해 무엇을 기도했는지가 나옵니다. 서신서마다 표현은 다르지만, 이 두 가지 내용이 언제나 담겨 있습니다. 즉 하늘의 지혜와 하늘의 힘입니다.

이 두 가지 영적 전쟁의 보급품을 공급받는 통로는 기도입니다. 기도 이외에 이것을 공급받을 수 있는 보급로는 없습니다. 그 사실을 그림처럼 보여주는 실제 예를 찾는다면 나는 주저 없이 다니엘의 삶을 들겠습니다. 다니엘은 소년 시절 유다 왕국이 망할 때 바빌로니아에 포로로 끌려왔습니다. 다니엘은 세계를 제패했던 두 제국, 바빌로니아와 페르시아의 통치의 핵심에 있었습니다. 두 제국의 유명한 왕 느부갓네살 왕, 벨사살 왕, 고레스 왕, 다리오 왕에 이르기까지 네 왕의 시대에 걸쳐 70년이 넘는 세월 동안 이방 왕국의 권좌에서 나라를 섬겼습니다. 70년 동안 일상에서 하나님의 영광을 누리고 드러낸 다니엘의 삶의 비밀은 다름 아닌 그의 기도에 있었습니다. 그런데 그 앞에 부사를 하나 붙이겠습니다. "항상" 기도했던 그의 기도에 있었습니다. 하나님은 우리가 다니엘을 본받기 원하셔서 다니엘서에 그의 이야기를 소상히 기록해놓으셨습니다. "무엇이든지 전에 기록된 바는 우리의 교훈을 위하여 기록된 것이니 우리로 하여금 인내로 또는 성경의 위로로 소망을 가지게 함이니라"(롬 15:4).

다니엘처럼 당신의 일상을 하나님 영광의 작업 공간, 하나님 축복의 공작 공간으로 드리기를 원합니까? 하나님은 말씀하십니다. "쉬지 말고 기도하라"(살전 5:17). 항상 기도하라는 말씀입니다. 큰일이 있을 때만 기도하는 게 아니라, 김장 배추를 소금에 절이듯 모든 일상을 기도에 절이라고 말씀하십니다. 그러면 밥도 먹지 말고 직장도 가지 말며, 잠도 자지 말고 밤낮없이 무릎 꿇고 하나님께 기도하라는 뜻입니까? 어떻게 하는 것이 항상 기도하는 것입니까? 다니엘서를 묵상하면서 건져낸 세 가지 원리로 그 답을 드리겠습니다.

깨어 있으라

첫째, 항상 기도한다는 것은 의식이 항상 하나님께 깨어 있는 것을 말합니다. 하나님이 나와 함께하신다는 것을 언제나 의식하는 것입니다. 다니엘은 하나님의 현존과 임재의 권역 아래 살며 그분과 항상 함께한다는 것을 의식하며 살았습니다. 말씀은 그것을 "다니엘은 마음이 민첩하여"(단 6:3)라고 기록하고 있습니다. 이것은 무슨 뜻일까요? 그가 영적으로 민감하여 하나님의 뜻을 분별하려 하고 그분의 현존과 임재에 언제나 예민하게 깨어 있었다는 것을 의미합니다. 다니엘의 생각은 항상 하나님과 연결되어 있었습니다. 언제, 어디서, 누구와 무슨 일을 하든지 그는 하나님이 거기 계심을 전제로 삼았습니다. 또 어떤 결정을 내리고 무엇을 선택하든, 하나님께 하듯 하고, 하나님을 위하여서 했습니다. 하나님을 의식하며 사는 그에게 시시하거나 하찮은 일이란 없었습니다.

제국이 바뀌고 통치자가 바뀌었어도 포로 출신 다니엘이 세계 정치의 중심에 서 있을 수 있었던 것은 그가 그렇게 모든 일상을 하나님과 기도로 상의하며 살았기 때문입니다. 왕은 그런 다니엘을 전적으로 신뢰할 수 있었습니다. 그러나 모든 사람이 그런 신실한 다니엘을 좋아하는 것은 아니었습니다. 포로 출신 주제에 왕의 총애를 독차지하고, 제국의 이인자가 되어 자기들 위에 있는 다니엘을 못마땅하게 여긴 중신들은 그를 끌어내리기 위해 '먼지'를 털기 시작했습니다. 그러나 그렇게 할 만한 어떤 허물도 찾을 수가 없었습니다. 그래서 궁여지책으로 왕의 허세와 영웅심을 이용하여 생뚱맞은 법 하나를 만들었습니다. 30일간 왕 이외에 다른 대상에게 기도하는 자를 사자 굴에 던져넣자는 법이었습니다. 신 대접을 받고 우쭐한 마음에 왕은 간신배들의 법에 어인(御印)을 찍어 그 법에 효력이 생겨버렸습니다. 그러나 오래지 않아 다리오 왕은 그 일이 자기가 가장 신뢰하는 다니엘을 죽이기 위한 모함임을 깨닫고 당황합니다.

그렇게 항상 기도로 하나님께 연결된 다니엘의 삶은 제국의 황제 다리오까지도 익히 알고 있었습니다. 그러나 변개할 수 없는 법의 올무에 매여, 그는 울며 겨자 먹기로 다니엘을 사자 굴에 던져넣으라고 명령합니다. 그때 왕이 다니엘에게 한 말을 들어보십시오. "네가 항상 섬기는 너의 하나님이 너를 구원하시리라"(단 6:16). 왕궁에 돌아온 왕은 밤새 한숨도 자지 못합니다. 밤새 근심하고 자책하며 분노하고 뜬눈으로 새벽을 기다린 왕은 급히 사자 굴에 달려가서 소리를 질렀습니다. "살아 계시는 하나님의 종 다니엘아 네가 항상 섬기는 네 하나님이 사자들에게서 능히 너를 구원하셨느냐"(단 6:20)? 왕은 "네가 항상 섬기는 네 하나님"이라는 말을 두 번이나 사용합니다. 신하들도 왕도 알고 있었습니다. 다니엘은 언제나 기도로 하나님과 연결된 삶을 산다는 것을 말입니다.

큰 것이든 작은 것이든, 좋은 것이든 나쁜 것이든 우리 일상의 어느 것도 하나님과 관계없고 하나님께 의미 없는 일이란 없습니다. 어떤 사람은 이렇게 생각합니다. 이사하는 것까지 하나님께 기도해야 해요? 아토피로 고생하는데 그런 것까지 하나님께 기도해야 해요? 먹고사는 일 같은 것도 기도 제목이에요? 남편과 관계가 안 좋은 상태인데도 기도해야 해요? 그럼요! '그런 것까지도'라니요. 당신의 '그런 것까지'도 하나님의 관심사이고 하나님의 비즈니스 품목입니다.

어떻게 우리의 작은 일상이 하나님과 연결됩니까? 십자가 때문입니다. 예수님이 십자가에서 돌아가심으로 우리를 자녀로 삼을 길을 열어놓으셨습니다. 다시 살아나신 예수님을 구세주와 주님으로 받아들인 당신은 하나님의 자녀가 되었습니다. 당신은 더는 당신 자신의 것이 아닙니다. 하이델베르크 요리문답 제1문답은 이렇게 묻고 대답합니다. "살아서나 죽어서나 당신의 유일한 위로가 무엇입니까?" "살아서나 죽어서나 나는 나의 것이 아니요 몸도 영혼도 나의 신실한 구주 예수 그리스도의 것입니다." 내가 예수 그리스도의 것이기 때문에 내게 있는 모든 일은 하나님의 관심사가 되는 것입니다.

그것이 잘 믿어지지 않습니까? 당신의 삶을 살펴보십시오. 당신도 매일 그렇게 하고 있습니다. 당신의 자녀가 삶에서 겪는 모든 일은 다 부모인 당신과 연관이 있습니다. 아이가 학교에서 사고를 치면 당신이 사고 친 것처럼 찾아가서 사과하고 물어주지 않습니까? 아이가 심각한 병에 걸리면 집을 팔아서라도 치료하려고 하지 않겠습니까? 이렇듯 자녀 문제는 곧 당신의 문제가 아닙니까? 실제로는 그렇게 믿으면서 왜 나에 대한 하나님의 아버지 되심은 인정하지 못합니까? 그것은 실천적인 무신론입니다.

아브라함은 집에서 멀리 떨어진 곳으로 이사했습니다. 그것이 뭐 그리 대단한 일이겠습니까? 그는 나이가 많도록 자식이 없었습니다. 그런데 할아버지가 되어서 기적처럼 아들을 낳게 되었습니다. 그 아이는 별 탈 없이 잘 자랐습니다. 적당한 며느리를 마음에 놓고 기도하다가 좋은 며느리도 얻고 손주도 안게 되었습니다. 그에게 일어난 일이 뭐 그렇게 대단합니까? 사실 그의 인생의 모든 사건은 하나님과 관련이 없으면 대단한 일이 아닙니다. 그런데 그 일들이 하나님과 연결되자 세계 역사가 바뀌고 우리 모두의 운명이 바뀌었습니다. 우리 삶의 조각은 모두 하나님이 우리를 통해 그분의 통치를 이루시는 작업 과정에 있습니다. 우리 일상은 하나님이 축복하시는 작업 공간입니다. 또한 하나님은 자녀 된 우리 일상의 주인이 되십니다. 그분은 우리의 아픔과 고민, 기쁨과 고마움, 갈등을 다 보고 들으며 알고 계십니다. 하나님의 자녀가 된 이상 시시하거나 보잘것없거나 쓸데없는 일은 하나도 없습니다.

하나님과 관련되면 모두가 다 거룩해집니다. 그래서 하나님과 관련된 것에는 거룩할, 성스러울 성(聖) 자가 붙습니다. 하나님의 말씀을 담은 책은 성경이라고 부르고 하나님을 섬기는 데 사용하는 가구는 성구라고 부릅니다. 또 하나님을 예배하는 공간은 성전이며 하나님을 높이는 노래는 성가입니다. 하나님을 믿는 사람을 성도라고 부릅니다. 이처럼 우리 삶에 있는 모든 조각이 다 거룩한 것이고, 그 거룩한 조각들을 통해 하나님은 그분의 뜻을 이루고 계십니다. 그러므로 언제나 하나님의 임재와 현존을 의식하고 살아가는 것이 쉬지 않고 항상 기도하는 첫 단계가 됩니다.

기도로 변환하라

둘째, 항상 기도한다는 것은 성령이 인도하시는 모든 상황을 기도로 변환하는 것입니다. 크리스천은 그리스도를 마음에 모신 사람입니다. 우리는 성령으로 우리 안에 계시는 예수님과 함께 살아가는 특별한 인종입니다. 그러므로 모든 삶은 그분과 관련된 그분의 관심사이며, 삶의 모든 상황을 기도로 바꿀 수 있는 특권과 축복이 우리에게 있습니다. 그분을 의식할 때, 성령님은 우리 삶의 모든 부품을 기도로 바꾸도록 촉구하십니다. "너 힘들지? 그거 주님께 도와달라고 해야 된다. 너 외롭지? 그거 주님께 말씀드려야 해. 너 지금 갈등하지? 주님께 지혜를 달라고 기도해야 해." 그런 마음이 떠오를 때 가볍게 넘기지 말아야 합니다. 그것은 흔히 성령님을 무시하고 소멸하며 밟는 행위일 수 있습니다. 그러니 그것을 곧바로 기도로 바꾸십시오.

다니엘은 항상 그렇게 했습니다. 하나님만 다니엘과 항상 함께해주신 것이 아니라 그에게는 원수들의 모함도 항상 뒤따랐습니다. 당신이 페르시아 제국의 장관이라고 가정해봅시다. 어느 날 꼴 보기 싫은 존재 하나가 당신 앞에 나타납니다. 굴러들어온 돌멩이가 박힌 돌을 뽑아낸다고, 망한 유대 나라의 포로 하나가 바빌로니아 제국의 최고 공직자, 나라의 이인자가 되었습니다. 그런데 그 바빌로니아가 페르시아에 망했는데 페르시아 왕 다리오는 망한 나라의 신하를 자기 제국의 재상으로 쓰고 있습니다. 나라를 120개 도로 나누고 그 많은 도지사를 관장하는 총리 세 명을 세우는 데 그중 수석 총리를 이 포로 출신, 이전 원수 나라의 재상이었던 다니엘을 세운 것입니다. 당신이라면 마음이 어떻겠습니까? 나는 배가 몹시 아프고 자존심이 상할 것 같습니다. 그들도 그랬습니다. 다니엘의 부정과 잘못을 들추어 그를 끌어내리고자 온갖 뒷조사를 했습니다. 그러나 그들은 다니엘에게서 어떤 불의도 찾을 수 없었습니다. "이에 총리들과 고관들이 국사에 대하여 다니엘을 고발할 근거를 찾고자 하였으나 아무 근거, 아무 허물도 찾지 못하였으니 이는 그가 충성되어 아무 그릇됨도 없고 아무 허물도 없음이었더라"(단 6:4).

지금까지 우리는 11명의 대통령을 겪었습니다. 하야하고 외국으로 망명한 사람도 있고, 암살당한 사람도 있으며, 사형 선고를 받은 사람, 무기징역 선고를 받은 사람도 있고, 자살한 사람도 있으며 파면당한 사람도 있습니다. 권불십년이라는 말이 있습니다. 권세는 십

년을 가지 못한다는 말입니다. 권력이라는 것 자체에 사람을 썩게 만드는 성분이 있는 것같이 느껴질 정도입니다. 하지 않으려고 해도 그 많은 불의와 유혹의 압력을 이겨내기가 쉽지 않은 것 같습니다. 그런데 다니엘은 포로이자 이방인, 고위 관료로서 공직 생활을 70년이나 했습니다. 70년이면 쓰러지고도 남을 죄의 유혹과 압력을 얼마나 많이 받았겠습니까? 70년을 권력의 상층부에서 살아온 다니엘을 제거하기 위해 뒷조사를 해도 털어낼 먼지가 나오지 않자 이들이 고작 생각해낸 것은 왕의 영웅심을 부추겨 그를 사자의 입 속에 집어넣는 것이었습니다. 그렇게 억지로 법을 만들어야 할 정도로 많은 정적은 다니엘에게서 흠을 찾을 수 없었습니다. 다니엘의 그 실력, 능력과 지혜는 어디서 왔을까요? 바로 그가 항상 하는 기도에 있었습니다. 그가 내린 결정은 모두 기도에 절여졌다 나온 것이었습니다. 하나님은 그의 지혜와 능력이 되셨습니다. 그는 매사에 기도로 하나님과 상의했습니다. 무슨 일이든지 하나님께로 전송했습니다.

기도란 일이 있으면 연결하고 일이 없으면 끊는 내선 전화가 아닙니다. 기도는 언제나 켜놓고 주파수를 맞추는 전쟁용 무전기(워키토키)와 같습니다. 무전기는 절대 끄면 안 됩니다. 그것을 통해 항상 모든 상황을 보고하고 지시를 받아야 하기 때문입니다. 무슨 일이든지 기도로 하나님께 연결하면 그 순간 그 작은 사건은 하나님의 관심사가 되고, 하나님 나라의 사업이 됩니다. 그래서 우리는 삶의 모든 부분을 기도로 바꾸어야 합니다.

어느 날 느헤미야는 동생 하나니에게서 성벽이 없어 공격과 위협에 시달리고 있는 귀환민의 가슴 아픈 상황에 대해 들었습니다. 그 말을 들은 느헤미야는 그 "말을 듣고 앉아서 울고 수일 동안 슬퍼하며 하늘의 하나님 앞에 금식하며 기도"(느 1:4)했습니다. 페르시아 황제는 술 맡은 관원장 느헤미야의 얼굴이 까칠해졌음을 봅니다. 당시 술 맡은 관원장은 안색이 변한 것만으로도 목이 날아갈 수 있었습니다. 황제를 해하려고 술에 독을 넣었을 것이라는 의심을 살 수 있기 때문입니다. 아니나 다를까 그의 외모의 변화는 황제의 눈에 단번에 들어왔습니다. "네가 병이 없거늘 어찌하여 얼굴에 수심이 있느냐 이는 필연 네 마음에 근심이 있음이로다"(느 2:2).

그렇게 초췌해진 느헤미야의 얼굴을 황제가 보았습니다. 느헤미야는 자기 민족이 당하고 있는 상황을 기도로 바꾸고 있었습니다. 그래서 황제가 묻는 상황은 느헤미야에게 위험한 상황인 동시에 기회이기도 했습니다. 그는 그동안 기도로 바꾸어온 문제를 신중하고 설득력 있게 황제에게 말합니다. "왕은 만세수를 하옵소서 내 조상들의 묘실이 있는 성읍이 이제까지 황폐하고 성문이 불탔사오니 내가 어찌 얼굴에 수심이 없사오리이까"(느 2:3). 황제는 화를 내는 대신 무엇을 도와주면 되겠냐고 묻습니다. 느헤미야는 그 상황도 기도로 바꿉니다. "내가 곧 하늘의 하나님께 묵도하고." 느헤미야는 입으로는 황제와 대화하면서, 마음으로는 하나님께 기도했을 것입니다. '하나님, 제가 요청하는 바를 왕이 허락하도록 그 마음을 열어주십시오.' 그는 왕에게 당당히 요청합니다. "제가 가서 성벽을 쌓고 돌아오게 허락해주십시오." 그러자 왕은 그 자리에서 허락합니다. 모든 필요한 자재를 다 가져가도 좋다고 허락하고 통행 허가증까지 내주었습니다. 그래서 느헤미야는 제3차 귀환민의 단장으로 예루살렘에 가서 성벽을 쌓을 수 있게 되었습니다.

자녀와 대화할 때 가슴이 꽉 막히는 답답함을 느끼면, 소리 지르거나 당황하지 말고 그 상황을 기도로 바꾸십시오. '하나님 내가 성내지 않게 도와주세요. 내 마음의 혈기를 다스려주세요.' 사업상 대화를 하고 있는데 대화가 꼬이고 상황이 부정적으로 기울 때, 그 상황을 기도로 변환하십시오. '주님, 자동문이 열리듯 이 대화가 부드럽게 열리도록 도와주세요.' 염려나 고마움도, 실망이나 두려움이나 분노도 다 기도로 바꾸어보십시오. 그것이 항상 기도하는 것입니다.

내 아내는 아주 지혜롭습니다. 보통 둘이 먹는 음식을 만들 때는 내게 간을 보라고 하는 일이 많지 않습니다. 그러나 우리 집에 초대한 손님을 대접하기 위해 음식을 만들 때는 꼭 내게 간을 보라고 합니다. 나물이든 찌개든 다 먹어보게 합니다. 그래서 내가 "음, 맛있어"라고 하면 안심하고 "싱거워"라고 하면 소금을 더 넣습니다. 아내는 왜 그렇게 할까요? 손님이 "음식이 좀 짜요"라고 하면 그 책임을 나에게 돌릴 수 있기 때문입니다. "남편이 괜찮다고 했는데, 나이가 들어서 그런지 입맛이 좀 짜졌나 봐요." 아내는 음식 맛에 관한 모든 책임을 저에게 걸어놓은 것입니다. 여기에서 나는 영적인 지혜를 배웁니다. 매사를 기도로 하나님께 걸어야 한다는 것입니다. "에이, 그런 사소한 것까지 기도할 필요가 있나요?"라고 생각할지도 모릅니다. 그러나 그렇게 기도해야 합니다. 그렇지만 하나님께 기쁨과 행복이 되는 강조점은 당신과 대화하는 데 있음을 잊지 말아야 합니다.

함께 사는 자녀가 "밥 줘. 물 줘. 안아줘"라는 말만 한다면 부모는 얼마나 비참하겠습니까? 네 살짜리 아이가 와서 "엄마 고마워요. 사랑해요"라고 말해준다면 얼마나 행복하겠습니까? 하나님은 우리가 기도를 통해 삶의 모든 이야기를 나누기 바라십니다. 하나님을 행복하게 해드리고 싶습니까? 항상 기도하십시오.

습관이 되도록

셋째, 항상 기도하라는 것은 그런 삶의 방식이 습관화되도록 끊임없이 연습하라는 것입니다. 다시 다니엘의 예를 봅시다. "다니엘이 이 조서에 왕의 도장이 찍힌 것을 알고도 자기 집에 돌아가서는 윗방에 올라가 예루살렘으로 향한 창문을 열고 전에 하던 대로 하루 세 번씩 무릎을 꿇고 기도하며 그의 하나님께 감사하였더라"(단 6:10). 주의할 단어가 있습니다. '전에 하던 대로'입니다. 언제부터 그는 하루 세 번씩 예루살렘에 있는 하나님의 성전을 향하여 기도했습니까?

10대 때부터 그렇게 했습니다. 다니엘은 10대 때 포로로 끌려왔습니다. 느브갓네살 왕은 바빌로니아식 이름을 주고, 바빌로니아 음식을 먹여 그를 바빌로니아를 위해 쓸 '바빌로니아 사람'으로 만들려고 했습니다. 그때 다니엘은 바빌로니아 음식, 즉 이방 신에게 바친 고기를 거절하고 채식을 하겠다고 결단합니다. 그 결단 때문에 목이 날아갈까 두려워하는 책임 관리에게 그는 담대한 제언을 합니다. "청하오니 당신의 종들을 열흘 동안 시험하여 채식을 주어 먹게 하고 물을 주어 마시게 한 후에 당신 앞에서 우리의 얼굴과 왕의 음식을 먹는 소년들의 얼굴을 비교하여 보아서 당신이 보는 대로 종들에게 행하소서"(단 1:12-13). 그 열흘 동안 다니엘과 친구들이 목숨을 걸고 했을 일이 무엇이었는지 분명합니다. 그들은 그 상황을 기도로 바꾸었을 것입니다. 그 기도가 응답되어 그들은 "그 지혜와 총명이 온 나라 박수와 술객보다 십 배나 나은" 축복을 받았습니다.

다른 이야기도 있습니다. 느브갓네살 왕이 어느 날 분노한 얼굴로 소리를 질렀습니다. "다 잡아 죽여라. 바빌로니아 안에 있는 모든 박사와 술객과 지혜자를 다 잡아 죽여라. 지금까지 이들이 나를 속이고 농락했도다." 무슨 일이 있었습니까? 왕이 한 꿈을 꾸었는데, 그것은 보통 꿈이 아니었습니다. 문제는 그 꿈이 전혀 생각나지 않았다는 것입니다. 왕은 박사들을 불러 꿈을 꾸었다고 이야기하고 그것을 해석하라고 명령합니다. 그러나 이 황당한 요구에 박사들은 어쩔 줄을 몰라 했습니다. 어떤 꿈인지 알아야 해몽이라도 해볼 수 있었기 때문입니다. 왕은 분노하여 나라의 모든 지혜자를 다 잡아 죽이라고 명령합니다. 왕을 보좌하던 다니엘은 같이 잡혀 죽을 위기에 있는 친구들에게 말합니다. "이에 다니엘이 자기 집으로 돌아가서 그 친구 하나냐와 미사엘과 아사랴에게 그 일을 알리고 하늘에 계신 하나님이 이 은밀한 일에 대하여 불쌍히 여기사 다니엘과 친구들이 바벨론의 다른 지혜자들과 함께 죽임을 당하지 않게 하시기를 그들로 하여금 구하게 하나라"(단 2:17-18). 쉬운 말로 하면 무슨 뜻입니까? "기도해야 한다. 우리 함께 기도하자"가 아니겠습니까?

이렇게 10대 때부터 70년 동안 연습하고 또 연습하면서, 반복하고 또 반복해서 몸에 밴 습관이 무엇이었습니까? 도장이 찍힌 것을 뻔히 알면서도, 사자 굴에 던져질 것을 뻔히 알면서도 여전히 똑같은 방식으로 기도하는 것입니다. 다니엘은 항상 그렇게 기도했습니다. 항상 기도하는 일이 그의 생활 방식이 되었습니다. 다니엘처럼 바쁜 사람이 있을까요? 당신이 아무리 바빠도 다니엘만큼이야 바쁘겠습니까? 당신이 큰일을 한다고 다니엘만큼이야 큰일을 하겠습니까? 그런 그가 목숨 걸고 지킨 것은 '항상' 기도입니다.

다니엘의 기도를 끊어버리기 위해 마귀가 무슨 짓을 했습니까? 페르시아 전 제국을 동원하여 다니엘의 기도를 끊으려 했습니다. 그래서 허접한 법도 만들고, 페르시아 전역에서 모든 사람이 다니엘의 무릎을 지켜보았는데 그는 여전히 하늘 왕께만 겸손히 무릎 꿇었습니다. 그런 실력이 어디서 나왔겠습니까? 70년이 넘도록 반복된 그의 연습에서 나온 것입니다. 항상 기도! 쉬지 말고 기도! 그래서 그때나 다른 때나 그는 그렇게 기도할 수 있었던 것입니다.

왜 습관이 중요할까요? 습관이 성품을 형성하기 때문입니다. 행동이 반복되면 습관이 되고 습관이 굳어지면 성품이 됩니다. 바빌로니아 왕 느부갓네살과 벨사살 그리고 새 제국 페르시아의 고레스와 다리오, 이 네 황제가 포로 출신 다니엘을 총리로서 쓸 때 기득권 세력의 반대 여론이 팽팽하다는 사실을 알면서도 왜 강행했을까요? 그의 성품 때문입니다. 그의 안정감, 그의 자신감, 그의 청렴함, 그의 지혜, 그의 생산성, 그의 신뢰감… 이 모든 성품이 어디서 왔을까요? 항상 드리는 그의 기도에서 왔습니다. '항상 기도'는 우리의 성품을 바꿉니다. 그 바뀐 성품은 우리 일상에서 하나님의 영광을 보이고 누리며 증거 하는 가장 중요한 자산이 됩니다.

우리 일상은 그저 일어나 밥 먹고 일하며 잠자리에 드는 단순하고 의미 없는 삶의 반복인 것 같아 보입니다. 실제로는 그렇지 않습니다. 우리가 하나님의 자녀인 한, 우리 일상은 하나님이 그분의 영광을 실현하고 그분의 나라를 구현하시는 작업 공간이 됩니다. 거기에는 두 존재가 항상 함께합니다. 먼저 마귀의 공격이 항상 있을 것입니다. 그러므로 우리는 항상 기도해야 합니다. 그러나 좋은 소식은 마귀가 두려워 떠는 예수님도 항상 우리와 함께 계신다는 점입니다. 그래서 우리는 항상 기도할 수 있습니다. 기억하십시오, 항상 기도해야 함을.

6

따로

새벽 아직도 밝기 전에 예수께서 일어나 나가 한적한 곳으로 가사 거기서 기도하시더니.
마가복음 1:35

요즘 어린이와 청소년에게 늘어가는 병증이 하나 있습니다. 그것은 주의력결핍 과잉행동장애(ADHD, Attention Deficit Hyperactivity Disorder)라는 증세입니다. 이 ADHD 자체도 문제가 되지만, 더 심각한 것은 아이의 정서적 사회적 성장에 미치는 동반 증상입니다. ADHD에 동반되는 첫 증상은 반항 장애입니다. 선생님이고 어른이고 부모고 상관없이 누구에게나 대듭니다. 둘째는 품행 장애입니다. 앉아야 할 시간에 돌아다니고 대답해야 할 시간에 아무 소리나 지껄입니다. 셋째는 틱(Tic) 장애입니다. 자기가 하고 싶은 일을 해야 하는데 이것이 허용되지 않을 때 조절되지 않는 신체적 변화가 일어납니다. 넷째 감정 조절 장애도 있습니다. 화가 나거나 슬플 때 그것을 조절할 능력이 없는 것입니다. 공통점은 무엇입니까? 모두가 다 관계를 상하게 한다는 점입니다. 이런 아이를 어떤 선생님이 좋아하겠고, 어떤 아이가 친구로 삼고 싶어 하겠습니까? 그러니까 왕따를 당하고 외톨이가 됩니다. 인간관계와 사회생활이 어려워지는 것입니다. 대부분 아이는 사춘기가 지나면서 이 부분이 많이 해소되기는 하지만, 이것이 해결이 안 되면 평생 왕따를 당하는 서글픈 삶을 살 수도 있습니다. 행복한 삶을 살기 위해 ADHD는 반드시 고쳐야 할 병증입니다.

그러나 더 심각한 것은 영적인 ADHD입니다. 이 병증이 있는 사람은 언제나 마음이 분주하고 소란합니다. 가만히 있으면 불안하여 뭔가를 해야만 할 것 같은 조바심이 납니다. 또 정신적인 ADHD처럼, 영적인 ADHD도 똑같은 동반 증상이 나타나는 것 같습니다. 먼저 반항 장애를 들 수 있습니다. 하나님께 절대 순종하지 않으려고 합니다. 온갖 핑계를 대며 하나님 말씀에 순종하지 않는 삶을 정당화하려고 합니다. 품행 장애도 있습니다. 변화되지 않습니다. 자기가 하고 싶은 대로 합니다. 성경의 언어로는 '육적인 삶'을 이어갑니다. 그뿐만 아니라 틱 장애도 있습니다. 자기 속에 마땅히 해소되어야 할 압력을 정당한 방식으로 푸는 것이 아니라 나쁜 습관으로 풀려고 합니다. 그것뿐입니까? 감정 조절 장애도 동반됩니다. 우울하고, 공허하며, 원망이 넘치고, 무기력하며, 분노가 쌓여 있습니다. 이 증상이 나타나면 공통으로 나타나는 결과가 무엇입니까? 관계가 상합니다. 하나님과의 관계가 심하게 상합니다. 영적인 삶에 기쁨도 느끼지 못하고, 늘 힘이 달립니다. 영적 성장도 이루어지지 않습니다. 주님과 동행하는 일이 무엇인지 감도 오지 않습니다. 하나님의 축복이 그에게 흐르지 못합니다. 성도의 영적 ADHD는 반드시 치료되어야 할 병증입니다.

그래서 하나님은 그분의 백성이 이 치명적인 증세에 걸리지 않도록 성경 곳곳에 백신과 치료제를 확실하게 처방해놓으셨습니다. 결론부터 말하자면, '따로 기도하라'는 것입니다.

왜 '따로' 기도하는 것이 영적인 ADHD의 예방책이 될까요?

우리 예수님의 하루 삶을 통해 그 이유를 찾아보려고 합니다. 예수님의 삶은 늘 바쁘고 고단했지만, 그날은 특별히 더 그랬던 것 같습니다. 예수님은 온종일 가버나움 회당에서 말씀을 가르치셨습니다. 말씀을 가르치는 사람이 다 느끼는 사실이 하나 있는데, 그것은 학생들이 말씀을 사모하고 배우고자 할 때는 10시간을 가르쳐도 피곤하지 않다는 것입니다. 그러나 반항하고 거부하는 학생을 가르치는 일은 30분만 해도 몸과 마음이 완전히 지쳐버립니다. 예수님이 회당에서 가르치실 때 거기 모인 사람들이 다 순수하고 사모하는 마음으로 말씀을 받은 것은 아니었습니다. 물론 그런 사람도 있었지만 대부분은 '나사렛 목수 출신이 뭔 말을 할 게 있겠나? 저 무식한 목수가 하는 말이 율법에 어긋나지는 않는지, 엉뚱한 소리를 하지는 않는지 들어봐야겠다'는 마음으로 예수님의 입을 지켜보고 있었습니다. 예수님은 이렇게 까칠한 사람들이 의혹이 가득 찬 얼굴로 예수님의 한마디 한마디를 검열하는 상황에서 온종일 말씀을 가르치신 것입니다. 분명히 많이 피곤하셨을 것입니다.

가뜩이나 피곤한 가르침의 현장에 또 다른 복병이 예수님을 괴롭힙니다. 곳곳에서 귀신 들린 자들이 발악하며 소리를 질러댑니다. 예수님은 그 귀신들을 모두 쫓아내셨습니다. 피곤한 하루가 저물어 저녁때가 되었습니다. 베드로는 예수님을 독촉하여 자기 집으로 모시고 갑니다. 베드로의 장모가 고열로 신음하며 사경을 헤매고 있었습니다. 예수님이 치료해주시자 장모는 언제 아픈 적이 있었느냐는 듯 곧바로 몸을 닦고, 옷을 갈아입고 나와 예수님과 그분의 동행을 위한 저녁상을 차려주었습니다. 이 놀라운 소식은 온 동네에 삽시간에 퍼졌습니다. 그러자 모든 병든 사람이 그 집으로 모여들었습니다. "저는 여기가 아파요." "전 여기를 다쳤어요. 제발 고쳐주세요." 예수님은 아주 늦은 시간까지 그들을 치료해주셨습니다. 병자를 대하는 일은 얼마나 사람이 소진되는 일입니까? 그렇게 피곤한 하루가 저물었습니다.

그러나 그다음 날 새벽 예수님은 어떤 일을 하셨습니까? "새벽 아직도 밝기 전에 예수께서 일어나 나가 한적한 곳으로 가사 거기서 기도하시더니"(막 1:35).

예수님은 항상 기도하셨습니다. 그러나 예수님은 따로 기도하는 시간을 보내셨습니다. 그것은 그날만 한 일이 아니라 평생 습관으로 지키신 일이었습니다. 우리도 그래야 합니다. 항상 기도해야 하지만, 따로 시간을 떼어 기도하는 일을 포기해서는 안 됩니다. 왜 그 위대하고 거룩하신 예수님이 따로 기도하는 시간을 보내셔야 했습니까? 왜 우리도 따로 기도하는 시간을 보내야 합니까? 세 가지 이유를 말씀드리려고 합니다.

확인을 위해

첫째, 확인을 위해서입니다. 남녀 관계를 한번 생각해보십시오. 남자와 여자는 어떻게 관계가 발전하여 결혼까지 이릅니까? 그 과정에서 가장 중요한 행위는 무엇입니까? 시간을 내어 따로 만나는 것입니다. 한 남자와 여자가 같은 사무실에서 10년을 근무했다 해서 둘이 사랑하게 되거나 결혼하게 되는 것은 아닙니다. 시간을 내어 따로 만나는 일이 없으면 30년을 같이 일해도 직장 동료일 뿐, 아무런 관계도 형성되지 않습니다. 그러나 어느 날 시간을 내어 둘이 따로 만나면서부터 정이 싹트고, 개인적이고 인격적인 관계를 형성하며 가까워지다가 결국 결혼을 하게 되는 것입니다.

따로 기도 시간을 보낸다는 것은 하나님과 데이트하는 시간을 보낸다는 뜻입니다. 하나님과 따로 만나는 시간을 보내야 그분과의 정도 깊어집니다. 신앙생활을 하면서도 행복해하지 않는 성도가 많습니다. 인격적이고 친밀하며 사랑하는 예수님과의 관계가 몹시 얕고 메말라 있기 때문입니다. 이것을 극복하는 유일한 길은 그분과 데이트하는 시간을 따로 보내는 것입니다. 만약 남녀가 서로 첫눈에 마음에 들어서 '우리 친구 합시다'까지만 약속해놓고 석 달이 넘도록 한 번도 만나지 않는다면, 그 관계는 아무런 의미가 없는 것이나 마찬가지입니다. 얼마나 자주 만나는지는 얼마나 친한 관계를 형성할 수 있는지와 직결됩니다. 예수님과의 관계도 다르지 않습니다. 예수님과 데이트 시간을 삭제한 성도의 영적 상태는 정이 말라버린 연인 관계와 같습니다. 그러면 데이트할 때마다 무엇을 확인합니까? 이 사람이 나를 참으로 사랑하는지, 내가 이 사람과 잘 맞는지, 이 사람과 함께라면 내 인생이 행복할 것인지를 확인합니다. 따로 만나면서 그것을 확인하는 것입니다. 그 확인이 안 되면 관계는 깨지고, 그 사실을 확신하면 결혼으로 발전합니다.

주님과 따로 만나는 시간, 따로 기도하는 시간에 세 가지를 확인할 수 있습니다. 첫째, 그분과 나의 관계입니다. 나는 아침에 자리에서 일어나 하루를 시작할 때 제일 먼저 하나님과 어떤 관계를 맺고 있는지 확인하는 일을 합니다. 매일 그분께 똑같은 질문을 합니다. "하나님 아버지, 하나님께 저는 뭐예요?" 하나님은 항상 같은 대답을 주십니다. "너는 내 사랑하는 아들이란다. 내가 너를 언제나 기뻐한다." 그리고 하나님은 내게 물으십니다. "그럼 네게 나는 뭐냐?" "하나님은 제가 마음을 다하고 뜻을 다하고 힘을 다해 사랑해야 할 내 아버지십니다. 제가 살아가는 목표입니다." 이런 대화를 나눔으로 내가 누구인지, 왜 이 땅에 있는지를 확인할 수 있습니다.

하이델베르크 요리문답의 제1문은 언제 기억해도 힘이 되는 신앙고백입니다. "살아서나 죽어서나 당신의 유일한 위로는 무엇입니까?" "살아서나 죽어서나 나는 나의 것이 아니요 몸도 영혼도 나의 신실한 구주 예수 그리스도의 것입니다." 자신이 예수님의 것이고 예수님이 주인이시라는 사실을 확인하며 사는 사람을 불행하게 할 수 있는 것은 없습니다. 그분이 내 주인이고 내가 그분의 소유인데 누가 나를 잡아 흔들고 해칠 수 있겠습니까? 또 누가 나를 쓰러뜨리고 핍절하게 하며 가로막을 수 있겠습니까? 과연 누가 나를 감당할 수 있습니까? 이런 든든한 관계를 확인하기 위해 우리는 반드시 따로 기도하는 시간을 확보해야 하는 것입니다.

둘째, 나 자신에 대한 가치를 확인할 수 있습니다. 당신은 언제 자신이 가치 있다고 느낍니까? 많은 성도가 훌륭하고 멋진 일을 해내면 하나님이 자신을 가치 있게 여기시고, 그렇지 못하면 시시하게 여기실 것이라고 생각합니다. 그렇게 생각하는 이유는 하나님과 따로 데이트하는 시간을 보내지 않기 때문입니다. 데이트하는 사람은 상대가 가진 어떤 것 때문에 그 사람과 사귀는 것이 아닙니다. 그 사람보다 부자이거나 잘생긴 사람은 얼마든지 있습니다. 그런데 둘이 만나서 이야기를 나누다 보면 그런 피상적인 기준이 아닌 다른 사람이 모르는 그 사람 안에 숨겨진 가치를 발견하게 됩니다.

예수님과 따로 데이트하는 시간을 보낼 때, 내 성취나 업적이 아닌 그분의 사랑 때문에 내 가치가 생겼다는 사실을 확인할 수 있습니다. 우리의 가치는 우리가 어떤 일을 했고, 무엇을 소유했느냐로 결정되지 않습니다. 그것은 우리를 취하고자 하나님이 치르신 비용으로 결정됩니다. 하나님이 당신을 구속하려고 얼마를 내셨는지 기억합니까? 그 아들을 대가로 주셨습니다. 그래서 하나님 보시기에 우리는 예수님만큼이나 비싼 존재입니다. '에이, 설마'라는 생각이 듭니까? 이렇게 생각을 바꿔보십시오. 당신의 자녀는 어떤 가치가 있습니까? 자녀가 버릇없다고 가치도 없어집니까? 공부를 못 한다고 가치 없는 아이가 됩니까? 장애가 있다고 아무런 의미가 없는 아이가 됩니까? 우리에게도 자녀가 소중한데 하물며 아들을 죽여 그 값으로 우리를 사고 살리며 안으신 하나님께 우리는 얼마나 소중한 존재이겠습니까? 그 가치를 확인하는 시간이 바로 따로 기도하는 시간입니다.

셋째, 따로 기도할 때 우리의 목적을 확인하게 됩니다. 자신이 왜 살아 있는지 내 삶의 목적이 무엇인지 어떻게 알 수 있습니까? 곰곰이 따진다고 알 수 있는 것이 아닙니다. 예수님과 따로 만나면서 우리는 '저는 주님을 기쁘게 해드리기 위해 오늘 살아 있습니다'라는 목적을 확인하게 됩니다. 그렇습니다. 바울도 그렇게 살았습니다. "나의 간절한 기대와 소망을 따라 아무 일에든지 부끄러워하지 아니하고 지금도 전과 같이 온전히 담대하여 살든지 죽든지 내 몸에서 그리스도가 존귀하게 되게 하려 하나니"(빌 1:20). 우리 삶의 목표는 예수님의 기쁨이 되는 것입니다.

그렇게 따로 기도하는 시간을 통해 나의 관계, 나의 가치, 나의 목적을 확인하게 됩니다. 이스라엘 남성은 일 년에 세 차례 반드시 예루살렘까지 와서 하나님 앞에서 자기 몸을 보여야 했습니다. 왜 세 차례 가야 했을까요? 인간의 기억력이 좋지 않기 때문입니다. 어미 닭이 달걀을 품고 21일 후에 병아리가 나오는 이유는 닭의 아이큐에 한계가 있기 때문이라고 합니다. 21일을 넘어가면 기억력이 다 끝나서 알을 품지 못합니다. 인간의 기억력도 그리 오래가지 못하는 것 같습니다. 조금만 시간이 지나도 예전 삶으로 돌아갑니다. 이스라엘 백성은 일 년에 세 차례씩 예루살렘에 와서 자신이 누구인지, 자신이 얼마나 존귀한 백성인지, 자신이 살아 있는 목적이 무엇인지를 확인함으로 하나님 백성이라는 정체성을 잃지 않고 살아갈 수 있었습니다.

가장 거룩하고 위대하신 예수님마저도 하나님 앞에 홀로 앉으셔서 그분과 자신이 맺은 관계와 자신의 가치, 목적을 확인한 뒤에야 그 복잡하고 힘든 삶과 사역을 감당할 수 있으셨습니다. 그분도 그러한데 당신이나 나 같은 사람에게 따로 기도하는 시간은 얼마나 중요하겠습니까? 그러므로 반드시 따로 기도하는 시간을 떼어놓아야 합니다. 예수님을 사랑한다면, 당신의 삶에서 하나님이 가장 중요하다면, 영순위로 하나님과 데이트하는 시간을 따로 떼놓으십시오.

충전을 위해

둘째, 기도 시간을 따로 보내는 이유는 영적인 에너지를 충전하기 위해서입니다. 우리는 거룩한 삶을 기도 골방에서 살지 않습니다. 골방에서 기도하는 일이 거룩한 행위일지라도, 거룩한 삶은 골방 바깥에서 살게 됩니다. 그러나 기도 골방이 없는 사람은 골방 밖 세상에서 살아갈 힘도 없습니다.

하늘을 가르듯이 날기를 기뻐하던 새 한 마리가 있었습니다. 그 새는 푸른 하늘을 날면서 행복했습니다. 그런데 어느 날 그렇게 창공을 날며 지상에 있는 먹이를 찾지 않아도 되는 행운을 만났습니다. 어느 곳에서도 찾을 수 없는 맛있는 음식을 발견한 것입니다. 그래서 그 음식의 주인에게 가서 말합니다. "나도 이것 좀 먹을 수 있게 해줄래?" 그 동물이 말합니다. "네 예쁜 깃털을 하나 주면 내가 이것을 줄게." 그래서 자기의 깃털 하나를 뽑아주고 음식을 맛있게 먹었습니다. 깃털은 아직도 온몸 가득히 덮여 있고, 그것을 하나씩 뽑아주면 풍성한 음식을 얻을 수 있었습니다. 그래서 새는 하늘을 날며 먹이를 구하는 대신 자기 털을 하나씩 뽑아주면서 음식을 먹었습니다. 어느 날 하늘을 날려는데 너무 힘이 들었습니다. '왜 이렇게 힘이 들지?' 그 이유를 아직도 파악하지 못한 새는 생각합니다. '내가 힘이 없어서 그렇구나. 힘이 없으니까 더 많이 먹어야겠다.' 그래서 나머지 털을 다 뽑아주고 음식을 사먹었습니다. 몸은 더 뚱뚱해지고 깃털이 하나도 없게 되어 결국 새는 하늘을 날 수 없게 되었습니다.

많은 성도가 날 수 없는 새처럼 살아가는 것 같습니다. 당신이 주님과 만나는 시간을 소홀히 하여 한 번 제치고, 두 번 빼먹고, 세 번 생략하고, 네 번째는 넘기고, 다섯 번째 없애버리고, 여섯 번째 건너뛰고…. 그렇게 하다 보면 결국 날 수 없는 새 처지가 됩니다. 하나님은 말씀하셨습니다. "오직 여호와를 앙망하는 자는 새 힘을 얻으리니 독수리가 날개 치며 올라감 같을 것이요 달음박질하여도 곤비하지 아니하겠고 걸어가도 피곤하지 아니하리로다"(사 40:31). 다시 말하지만, 우리가 크리스천으로 살아가려면 절대적으로 하늘의 지혜와 능력이 필요합니다. 이 두 가지가 없으면 우리는 크리스천답게 살 수가 없습니다. 이 두 가지를 공급받는 유일한 통로는 기도입니다. 그래서 따로 기도하는 시간을 목숨처럼 지켜내야 하는 것입니다.

그러나 이런 도전은 당신에게 도움이 전혀 안 되는 말로 들릴 수도 있습니다. "내가 얼마나 바쁜데요." 많은 성도가 너무 바빠서 기도할 시간이 없다고 변명합니다. 정말 그렇습니까?

어떤 조종사가 너무 바빠서 연료를 채울 시간이 없이 비행기를 이륙시켰다면 그에 대해서 뭐라고 말하겠습니까? 참으로 어리석다고 생각할 것입니다. 그러면서도 정작 너무 바빠서 충전할 시간 없이 살아가는 우리 모습은 보지 못합니다. 가장 거룩하고 위대하신 예수님일지라도 자신의 삶과 사역에 대한 에너지를 충전하셔야 했다면, 우리같이 연약한 사람에게는 이 시간이 얼마나 절대적으로 필요하겠습니까? 충전하기 위해 우리는 따로 기도하는 시간을 보내야 합니다.

점검을 위해

마지막으로 점검하기 위해 우리는 따로 기도하는 시간을 보내야 합니다. 농구 시합을 생각해보면, 판세가 달라질 위기의 순간이 되면 코치는 심판과 선수들을 향해 양손을 붙여 T 자를 만듭니다. 이것을 타임아웃이라 부릅니다. 타임아웃이 되면 심판이 스톱워치를 누르고 경기 시간이 정지되며 선수들은 감독 앞으로 달려갑니다. 감독은 왜 게임이 엉키고 있는지, 실점의 이유가 무엇인지 점검합니다. 그리고 어떤 식으로 돌파할 수 있는지 전략을 수정해줍니다. 그 타임아웃이 없다면 순간순간 판세를 뒤집을 승리의 방법이 없습니다. 이처럼 우리가 따로 기도하는 시간은 영적인 타임아웃입니다. 당신은 타임아웃이 없이 열심히 뛰고만 있습니까? 그것은 패전으로 가는 지름길입니다.

잠시 셀라(Selah)라는 말에 대해 설명하겠습니다. 성경에는 셀라가 시편에 74번 나오고 하박국서에 3번 총 77번 나옵니다. 예를 들어 시편 62편에는 이런 구절이 있습니다. "오직 그만이 나의 반석이시요 나의 구원이시요 나의 요새이시니 내가 흔들리지 아니하리로다 나의 구원과 영광이 하나님께 있음이여 내 힘의 반석과 피난처도 하나님께 있도다 백성들아 시시로 그를 의지하고 그의 앞에 마음을 토하라 하나님은 우리의 피난처시로다(셀라)"(시 62:6-8). 그런데 맨 마지막에 있는 셀라를 반드시 읽어야 합니까? 아니면 읽지 않아도 됩니까? 아무도 모릅니다. 심지어 셀라가 무슨 뜻인지도 잘 모릅니다. 학자들은 셀라라는 말의 뿌리를 캐면서 세 가지 정도의 의미가 있다는 것을 밝혀냈습니다. 첫째, '멈추다'(stop)라는 뜻이 있습니다. '그만! 더 읽거나 더 진행하지 말고 셀라라고 쓰여 있는 곳에서 멈추세요.' 둘째, '재다'(measure)라는 뜻이 있습니다. 달아보는 것입니다. 지금까지 읽었던 본문과 찬양을 기준으로 내 삶을 재보는 것입니다. 내가 지금까지 부른 찬양에 합당하게 살아왔는지, 무엇이 모자라는지, 어디가 비뚤어졌는지, 어디 사이가 벌어졌는지를 보라는 것입니다. 셋째, '올리다'(lift)라는 뜻이 있습니다. 무엇을 올릴까요? 기도를 올리는 것입니다. 이제부터 시편을 읽다가 셀라가 나오면 일단 멈추십시오. 그리고 다시 한번 읽은 것을 묵상하면서 그것을 기준으로 자신이 어떤 삶을 살았는지 점검하십시오. 그리고 바른 삶을 살 힘을 달라고 주 앞에 기도를 올리십시오. 개인 기도 시간을 얻는 것은 마치 시편의 셀라 시간을 보내는 것과 같습니다. 삶을 낭비하는 가장 쉬운 방법은 점검 없이 그냥 바쁘게 사는 것입니다.

병원에서 환자에게 퇴원 판정을 내릴 때는 병이 완전히 나았다는 객관적 수치를 근거로 듭니다. 병균의 수치, 백혈구 수치, 안정적 체온, 정상적인 심장 박동 등. 외과나 내과의 근거로 비교적 명확하게 판단할 수 있습니다. 그러나 정신과에서는 그 판단 기준이 매우 모호하다는 것이 문제입니다. 그래서 정신과 병원에서는 환자의 퇴원 여부를 결정하기 위해 특별한 방법을 개발했다고 합니다. 유리로 된 관찰실에 환자를 두고 병의 완치 여부를 판별할 수 있게 한 것입니다. 그 방에는 두 가지밖에 없는데 벽에는 수도꼭지가 붙어 있고, 한쪽에는 걸레가 수북이 쌓여 있습니다. 수도꼭지를 틀어놓은 채 환자를 그 방에 들여보냅니다. 물이 콸콸 쏟아지는 상황을 보고 먼저 가서 수도꼭지를 잠그는 사람은 퇴원해도 될 사람이라고 합니다. 그러나 쏟아지는 물을 닦기 위해 고생하면서 걸레로 물을 닦아내는 사람은 아직 치료가 되지 않은 사람이라고 합니다.

이 이야기는 우리에게 매우 통찰력이 있는 도전을 줍니다. 가장 거룩하고 가장 위대하신 예수님조차 따로 기도 시간을 보내심으로써 자신의 삶이 하나님의 우선순위와 계획에 한 방향으로 정렬되어 있는지 점검하셔야 했다면, 하물며 우리 같은 사람은 얼마나 더욱 그런 시간이 필요하겠습니까?

　내 삶을 유지하는 비밀 한 가지를 공유하고 싶습니다. 그것은 따로 기도하는 시간을 생명처럼 붙들고 사는 것입니다. 그 시간을 통해 나는 내 정체성을 확인하고, 하늘의 지혜와 능력으로 충전됩니다. 삶의 경기에서 코치이신 예수님의 점검을 받지 않았다면 이미 나의 믿음도 삶도 파산했을 것입니다.

　모든 것이 부족한 내가 어떻게 박사학위를 받았겠습니까? 너무 힘들어서 갈 길이 멀다는 생각이 들 때가 많았습니다. 여기까지가 내 길이구나 하는 막다른 골목에 선 좌절감도 여러 번 겪었습니다. 그런데 어떻게 돌파했는지 아십니까? 따로 기도 시간을 보내면서 얻은 지혜와 능력으로 돌파했습니다. 내가 공부했던 학교의 미식 축구장 맨 오른쪽 스탠드 위쪽에서 두 번째 줄 끝이 매일 아침 하나님을 만나는 장소였습니다. 거기서 나는 하나님이 얼마나 나를 사랑하시는지 배웠습니다. 또 예수님의 현존과 동행하심도 깨달았습니다. 그리고 매일 밀려드는 부담과 난관을 돌파할 지혜와 힘을 얻었습니다. 그렇게 나는 박사 과정을 밟는 동안 '따로 기도'를 하며 삶을 충만하게 유지하는 법을 배우는 시간을 보냈습니다.

　이렇게 나의 이야기를 하는 이유는 이 책을 읽고 있는 당신도 그렇게 하기를 바라기 때문입니다. 확인하고 충전하며 점검하는 개인 기도 시간을 떼놓으십시오. 그런 장소를 따로 마련하십시오. "저한테는 미식 축구장 스탠드 같은 공간이 없어요"라고 말해서는 안 됩니다.

　어디에 그런 장소를 마련해야 할지 몇 가지 아이디어를 드리겠습니다. 어떤 형제는 온 가족이 깨어나기 20분 전에 먼저 일어나서 거실에 나와 기도합니다. 어떤 형제는 차 안에서 문을 잠그고 기도합니다. 또 어떤 형제는 아침 일찍 일어나 산책하며 따로 기도 시간을 보낸다고 합니다. 그 밖에도 이어폰을 끼고 은은한 찬양을 들으며 기도할 수도 있고, 30분 일찍 출근해서 사무실에서 그럴 수도 있습니다. 요한 웨슬리의 어머니 수산나 웨슬리는 자녀 19명을 낳았습니다. 그중 9명은 어린 시절에 죽었고, 10명만 성장했습니다. 이 많은 아이를 키우면서 따로 기도할 시간이 있었겠습니까? 기도할 만한 한적한 장소를 찾기도 어려웠을 것입니다. 그런 그녀에게 '따로 기도원'은 앞치마였습니다. 엄마가 언제든지 하얀 앞치마를 머리 위로 뒤집어쓰면 아이들은 그것이 엄마의 기도 시간임을 알았습니다. 그렇게 그녀는 '따로 기도' 시간을 통해 역사를 바꾼 자녀 11명을 키워냈습니다.

당신에게도 그런 시간이 필요합니다. 항상 그리고 따로. 당신이 예수님과 영적인 데이트를 할 시간을 놓치지 않기를 축복합니다.

7

첫 번째로

다윗이 하나님께 물어 이르되 내가 블레셋 사람들을 치러 올라가리이까 주께서 그들을 내 손에 넘기시겠나이까 하니 여호와께서 그에게 이르시되 올라가라 내가 그들을 네 손에 넘기리라 하신지라 이에 무리가 바알브라심으로 올라갔더니 다윗이 거기서 그들을 치고 다윗이 이르되 하나님이 물을 쪼갬같이 내 손으로 내 대적을 흩으셨다 하므로 그곳 이름을 바알브라심이라 부르니라.

역대상 14:10-11

미국에 템플대학이라고 하는 유명한 대학이 있습니다. 전 세계 대학 순위 60위쯤 되는 아주 좋은 대학입니다. 이 대학을 세운 사람은 러셀 콘웰(Russell H. Conwell, 1843-1925)입니다. 그의 저서 중 『황금어장』(Acres of Diamonds, 이팝나무 역간)이라는 책이 있습니다. 1925년 82세로 타계할 때까지 5천 회가 넘게 비즈니스 강연을 했는데, 강연 제목은 한결같이 '다이아몬드의 땅'(Acres of Diamonds)에 관한 것이었다고 합니다. 그의 인생뿐 아니라 많은 사람의 인생을 바꾸어놓은 그 이야기를 나누고 싶습니다.

콘웰은 영국 여행단과 함께 유프라테스강과 티그리스강 유역을 관광하고 있었습니다. 그곳은 오늘의 이라크 지역입니다. 거기에서 그는 터키 가이드가 들려준 이야기를 들었을 때 깊은 영감을 받았는데, 그 영감으로 비즈니스에서 성공하는 원리를 세워 많은 사업가를 성공으로 이끌어주었습니다. 강의를 6천 번 정도 했는데 거기서 나온 강연비로 세운 학교가 템플대학이라고 합니다.

그 이야기는 현재의 인도 중남부 인더스강 유역의 골콘다에서 시작합니다. 골콘다에 사는 알리 하페드라는 농부가 그 이야기의 주인공입니다. 알리 하페드는 나름 부자였습니다. 그는 상당히 큰 땅과 밭을 소유하고 있었습니다. 시내가 그의 농토 중앙을 가로질러 흐르고 있었기 때문입니다. 그는 가진 것도 많았지만, 자신이 가진 것에 만족할 줄도 아는 사람이었습니다. 어느 날 한 스님이 그 집에서 묵게 되었는데 그가 이 순진한 농부의 마음에 바람을 넣었습니다. 이 세상에는 다이아몬드라는 보석이 있는데 엄지손가락만 한 다이아몬드 하나만 있으면 나라도 살 수 있다고 했습니다. 누구든지 그 다이아몬드가 묻힌 땅을 찾기만 한다면 전 세계를 손에 쥐게 될 것이라고 허풍을 떨었습니다. 그 말을 들은 밤, 하페드는 잠을 이룰 수가 없었습니다. 자신이 너무 가난하다고 느껴졌기 때문입니다. 그가 가진 넓은 땅을 다 합쳐도 손톱만 한 다이아몬드만큼도 안 된다는 생각에 별안간 초라함이 엄습했습니다. 그래서 하페드는 밤을 꼬박 새우며 궁리하다 그 다이아몬드의 땅을 찾겠다고 결심합니다. 그다음 날 그는 자기 농토를 다 팔아 다이아몬드의 땅을 찾으러 떠났습니다. 온 팔레스타인 지역을 헤매고 다녔지만 그 스님이 말한 다이아몬드의 땅은 없었습니다. 유럽도 다 뒤졌지만 거기서도 다이아몬드의 땅은 보지 못했습니다. 가져간 돈은 다 떨어졌고, 결국 모든 시도가 실패로 끝난 것을 안 그는 지브롤터 해협의 깊은 바다에 몸을 던져 자살하고 말았습니다.

이야기는 거기서 끝나지 않고 그 땅을 산 농부의 이야기로 이어집니다. 새 땅 주인이 어느 날 낙타를 타고 자기 땅을 가로질러 흐르는 시냇가에 도달했습니다. 거기서 낙타에게 물을 먹이는데 위에서 내려다보니 낙타가 빨아들이는 얕은 물속에 유별나게 예쁜 돌 한 개가 눈에 띄었습니다. 그 돌을 주워들고 햇볕에 비춰보니 일곱 가지 무지개 색깔이 나타나면서 너무 아름다웠습니다. '아, 별 종류의 수정이 다 있구나'라고 생각하며 자기 벽난로 턱에 올려놓았습니다. 벽난로 속의 나무가 타며 붉은 빛을 낼 때 그 빛에 반사되는 이 돌의 광채가 얼마나 아름다운지 그것을 바라보기만 해도 행복했습니다. 그런데 그 스님이 또 나타났습니다. 스님은 들어오자마자, 벽난로 불빛에 반짝거리는 이 돌을 보고 기겁을 하면서 눈이 휘둥그레져 소리쳤습니다. "알리 하페드가 돌아왔군요! 내가 말해주었던 그 다이아몬드를 드디어 찾았군요." 이 농부가 대답합니다. "아닙니다. 알리 하페드가 찾은 것이 아니고, 내가 어제 낙타에게 물을 먹이다 찾은 겁니다." 그다음 날, 스님과 농부는 그 개울로 갑니다. 모래가 가득한 그 개울가를 조금만 헤쳐도 돌이 나오는데 모두 다이아몬드였습니다. 그곳이 바로 골콘다 다이아몬드 광산입니다. 19세기 들어 아프리카에 다이아몬드 광산이 발견되기 전까지 이 세상의 모든 다이아몬드는 바로 이 골콘다에서 나왔습니다. 어쨌든 그 사람은 벼락부자가 되었습니다.

아라비안나이트처럼 입에서 입으로 전해 내려온 이 이야기를 터키 가이드를 통해 콘웰이 듣게 된 것입니다. 그는 자신의 강의를 들은 모든 사람에게 이 이야기를 이렇게 적용했습니다. "성공은 아득하게 먼 곳에 있는 것이 아닙니다. 성공은 바로 당신 집 뒤뜰에 있습니다.

성공은 내가 갖지 않은 것이 아니라 가진 것에서 출발합니다. 당신이 가진 것에서 출발하십시오."

불쌍한 알리 하페드! 자신의 땅에 어마어마한 다이아몬드가 묻혀 있는 것도 모르고, 그것을 누리거나 찾아보지도 못하고 결국 바닷속으로 뛰어들어 자살하고 말았습니다. 그러나 새 농부는 그것을 알아보고 찾아내어 누리면서 살았습니다. 사실 러셀이 도전한 내용은 우리 크리스천에게도 큰 의미가 있습니다. 사업을 하든, 인생을 경영하든, 새로운 프로젝트를 시작하든 성공은 아득하게 먼 곳에서 오는 것이 아닙니다. 노래를 잘하는 사람은 그 재능 하나가 그가 이미 가진 다이아몬드 땅입니다. 남을 웃기는 사람은 그 재주가 바로 다이아몬드 땅입니다. 나는 어렸을 때부터 밭에 나가 김을 매며 아버지에게서 수많은 이야기를 들었습니다. 그 이야기를 들으면서 나는 스토리텔러가 되었고, 이야기를 통해 사람들을 섬기는 은사가 나의 다이아몬드 땅이 되었습니다.

세상 사람들은 남보다 더 가졌거나 더 높은 위치에 있으면 성공했다고 말합니다. 그리고 자신보다 조금 더 앞선 사람을 보면 그때부터 비참해지고 실패했다고 생각합니다. 그러나 우리는 성공을 그렇게 정의하지 않습니다. 우리 하나님이 만드실 때 계획하셨던 바로 그 사람이 되는 것이 성공입니다. 하나님이 세상에 복을 주시려고 설계하신 나 자신이 되는 것이 성공인 것입니다. 토끼의 성공은 사자가 되는 것이 아닙니다. 장미는 장미꽃을 피우고, 감자는 충실한 감자 열매를 맺는 것이 성공입니다. 우리는 각자 성공의 자산을 이미 가지고 있는데, 알리 하페드처럼 막연하게 멀리서 성공을 찾으며 헤매고 다니는 것 같습니다.

　이 이야기를 들으면서 어떤 생각이 드십니까? 가진 소유가 적어서 하페드처럼 초라하다고 느낍니까? "난 그런 특기나 은사나 밑천이 없으니 다이아몬드 땅이 없는 것과 마찬가지다"라고 말할지도 모르겠습니다. 아닙니다. 우리 모두에게는 골콘다의 다이아몬드 광산과 비교할 수 없는 자산이 있습니다. 그것은 우리의 특기나 은사나 경험과는 비교할 수 없습니다. 그 자산이 바로 하나님이시기 때문입니다. 그렇게 믿고 살고 있습니까? 그럴 거라고 막연히 생각하는 것이 아니라 정말로 하나님의 것을 내 것으로 활용하며 살고 있는지 묻고 싶습니다. 불행하게도 얼마나 많은 성도가 하나님을 제쳐두고 알리 하페드처럼 이미 소유한 다이아몬드 광산인 하나님 대신 어딘가에 있을지 모르는 다이아몬드의 땅을 찾아, 삶을 탕진하고 기회를 낭비하는지 모릅니다. 하나님은 그 어떤 다이아몬드 광산보다 실질적인 자산입니다. 그분을 제쳐두고는 그분이 의도하신 풍성한 삶을 살 수 없습니다.

　요셉을 생각해보십시오. 요셉이 살았던 시대의 상황은 공사판 모래더미 같았습니다. 그는 물기나 거름기 없는 척박한 삶의 토양에서 자라는 나무 같았습니다. 그런 여건에서 요셉이 성공할 수 있었겠습니까? 남의 집 노예로 팔렸는데 성공할 수 있겠습니까? 짓지도 않은 죄 때문에 13년 이상을 감옥에 갇혀 있어야 했는데 그것을 성공이라 할 수 있습니까? 총리가 되었다 해도 굴곡진 인생 때문에 한이 맺혀 제대로 지도력이나 행사할 수 있었겠습니까? 그래서 우리는 태어난 환경이 좋거나 줄을 잘 서거나 넉넉한 자산이 있어야 성공한다고 믿습니다. 요셉은 그런 미신을 믿지 않았습니다. 요셉이 활용했던 다이아몬드 땅은 바로 하나님이었습니다.

창세기 39장을 읽다 보면, 척박한 사막 같은 그의 삶의 이야기 속에 다섯 번이나 이런 말이 나옵니다. "여호와께서 요셉과 함께하시매 요셉이 형통하였더라." 성경에서는 성공을 형통이라는 단어와 혼용하거나 대체해 사용합니다. 요셉은 성공했습니다. 노예로 팔렸음에도 그 집안의 총무로 성공했고, 감옥에 가면 그곳의 실세가 되었습니다. 또 정치판에 뛰어들면 최고 권력자가 되었습니다. 그가 다스리는 나라에 기근이 왔을 때 위기에 잘 대처했습니다. 그는 어디를 가나 성공했습니다. 그리고 그가 환경이나 여건과 상관없이 이렇게 성공할 수 있었던 이유는 다이아몬드 땅이신 하나님을 의지했기 때문입니다.

우리는 변명하며 묻습니다. '요셉의 하나님과 내가 아버지라고 부르는 하나님이 같은 분일까?' 같은 분입니다. 무엇이 다릅니까? 그는 그 자산을 활용했고, 우리는 알리 하페드처럼 다른 것을 다이아몬드 땅으로 삼으려고 헤맨다는 점이 다릅니다. 하나님은 이미 우리에게 주어진 다이아몬드의 땅, 빼앗길 수 없는 자산입니다. 그분은 골콘다의 다이아몬드 광산보다 더 확실한 자산인 그분 자신을 통해 우리의 삶을 꽃피우기 원하십니다. 이제 당신의 생애를 하나님이 보고 싶어 하실 그 성공적인 삶으로 바꿀 원리를 말하려 합니다.

결론부터 말하겠습니다. 언제 어디서 누구와 무슨 일을 하든 첫 번째 자리에 기도를 배치하십시오. 다시 한번 반복합니다. 언제 어디서 누구와 무슨 일을 하든지 첫자리에 기도를 배치하십시오. 내가 왜 이렇게 강조하는지 압니까? 불행히도 너무 많은 하나님의 사람이 기도를 첫자리가 아닌 끝자리에 놓기 때문입니다. 문제가 생기면 그것을 해결하기 위해 이것저것을 다 해봅니다. 온갖 노력을 해도 안 되면 이렇게 생각합니다. '이젠 내가 할 수 있는 일이 아무것도 없다. 마지막으로 하나님께 기도나 해봐야겠다.' 기도를 맨 마지막에 놓음으로써 우리는 삶을 탕진한 알리 하페드처럼, 기회와 시간과 에너지, 인생을 낭비하게 되는 것입니다. 기도를 첫자리에 놓는 것은 성공적인 삶을 사는 하나님 백성의 지혜입니다.

다윗의 생애는 이것을 웅변적으로 우리에게 보여줍니다. 성경에 역대상이라는 책이 있습니다. 역대기의 원독자는 바빌로니아에서 포로로 있다가 고국으로 돌아온 귀환민입니다. 그들은 하나님을 사랑했기 때문에 바빌로니아의 안정된 삶을 접고 본토 이스라엘로 돌아왔습니다. 큰 믿음으로 본국에 돌아오긴 했지만, 예루살렘에서의 삶은 그리 녹록하지 않았습니다. 영광스러웠던 예전의 도성은 시꺼멓게 불에 그을린 채 돌만 널브러져 있고, 집터와 궁터는 산짐승이 뛰노는 숲이 되어버렸습니다. 주변 민족들의 끝없는 약탈 속에서 그들은 늘 위험하고 곤고했습니다. 이렇게 실망하고 좌절하고 있는 그들을 위해 쓰인 책이 역대기입니다. 역대기를 한 단어로 요약하면 '다윗', 두 단어로 요약하면 '다윗을 봐라', 한 문장으로 요약하자면 '다윗이 성공한 이유는 하나님을 첫자리에 모셨기 때문이다'라고 할 수 있습니다. 귀환민이 반드시 마음에 새겨야 할 메시지는 분명했습니다. '다윗처럼 하나님을 첫자리에 모실 때 너희는 눈에 보이는 힘든 현실을 뚫고 성공할 수 있다.' 그 원리의 실제적인 예가 역대상 14장에 잘 나옵니다. 역대상 14장에는 두 개 이야기가 나옵니다. 하나는 다윗이 성공한 이야기이고, 다른 하나는 다윗의 기도 이야기입니다.

다윗은 성공했습니다. 2절은 다윗이 개인적으로 이룬 성공을 이렇게 말합니다. "다윗이 여호와께서 자기를 이스라엘의 왕으로 삼으신 줄을 깨달았으니 이는 그의 백성 이스라엘을 위하여 그의 나라가 높이 들림을 받았음을 앎이었더라." 다윗은 가정에서도 성공했습니다. 3-7절은 다윗이 예루살렘에서 아내들을 통해 얻은 자녀에 대한 기록이 나옵니다. 고대 문화에서 아들이 많았다는 것은 일종의 성공 척도였습니다. 다윗은 대외적으로나 국가적으로나 성공합니다. 17절에 보면 다윗의 명성이 온 세상에 퍼졌고, 여호와가 모든 이방 민족이 그를 두려워하게 하셨다는 말씀이 나옵니다. 이렇게 다윗을 성공하게 한 자산은 무엇이었을까요?

다윗의 다이아몬드 광산은 다름 아닌 여호와 하나님이셨습니다. 다윗은 모든 삶의 첫자리, 자신의 모든 행위 첫자리에 기도를 놓았습니다. 역대상 14장은 그 사실을 전쟁 이야기 두 편으로 증명합니다. 블레셋 사람들에게 다윗은 이름만 들어도 이가 갈리는 원수 중의 원수였습니다. 그런 다윗이 왕이 되었다는 소식을 들은 블레셋은 그를 초장에 꺾어버리기 위해 쳐들어옵니다. 그러나 다윗은 전쟁의 달인이었습니다. 특별히 블레셋과의 전투에서 다윗을 능가할 사람은 없었습니다. 그런 그가 해야 할 일은 뻔하지 않습니까? 지금까지의 경험을 총동원하여 단번에 이길 전투 계획을 세우고, 군사들의 사기를 높이며, 군수 물자도 확보해야 하고….

그런데 다윗은 그렇게 하지 않았습니다. 그가 제일 먼저 한 일은 하나님께 기도하는 것이었습니다. 전쟁을 하다가 난관에 부딪혀 기도한 것이 아니었습니다. 그는 전쟁을 시작하기 전에, 작전을 세우고 공격 명령을 내리기 전에 가장 먼저 하나님께 기도했습니다. "제가 블레셋 사람들을 치러 올라갈까요? 주님이 그들을 제 손에 넘겨 주시겠습니까?" 이것이 다윗이 위대한 성공을 이룬 원리입니다. 그 마음에 하나님을 첫자리에 모셨다는 증거입니다.

주민 센터 같은 관공서에 가면 서류 캐비닛이 많이 있는 것을 볼 수 있습니다. 서류함마다 작은 쪽지가 붙어 있습니다. 위에는 '정: 아무개', 밑에는 '부: 아무개.'

다윗은 무슨 일을 하든지 부(副) 자리에 자신을 두고 정(正) 자리에는 하나님을 모셨습니다. 기도를 가장 먼저 했다는 데서 그 마음의 중심이 어디에 있는지 알 수 있습니다. 다윗의 신앙 취향이 그러해서 그렇게 한 것이 아닙니다. 그것이 그의 믿음이었습니다.

예수님도 무슨 일을 시작하기 전에 항상 기도부터 하셨습니다. 공생애를 시작하기 전이나 제자를 뽑기 전에, 십자가에 매달리시기 전에도 먼저 기도하셨습니다. 바울도 사역을 시작하기 전에 먼저 아라비아 광야에서 기도했습니다. 에스더도 황제 앞에 나아가기 전 금식하며 기도했습니다. 그뿐만 아니라 느헤미야도 성벽 건축에 대한 부담을 주님께 내려놓고 먼저 기도했습니다. 초대교회도 먼저 기도함으로 성령을 받았습니다. 안디옥 교회는 금식하며 기도함으로 선교를 시작했습니다. 성경에 나오는 모든 믿음의 사람이 보이는 공통된 특징은 기도를 맨 마지막이 아닌 맨 앞에 배치했다는 것입니다. 우리도 그래야 합니다. 기도를 맨 끝에 놓지 말고 처음에 놓아야 합니다. 이것이 하나님 백성의 지혜입니다. 왜 그럴까요? 기도를 맨 처음에 놓아야 하는 세 가지 이유를 설명하겠습니다.

정체성의 변화

첫째는 기도를 맨 처음에 놓음으로 우리 정체성이 달라지기 때문입니다. 기도를 어디에 놓을지 결정하는 일은 큰 차이를 낳습니다. 나의 삶 맨 마지막에 기도를 놓으면 내가 하나님이고 하나님은 내가 부리는 종이 됩니다. '내가 설계한 대로, 내가 잘 시공하도록 하나님이 도와주세요. 그리고 만약 문제가 생기면 하자 보수까지 해주세요.' 그러나 기도를 맨 처음에 놓으면 하나님을 내 하나님으로, 나 자신은 그분의 종으로 여기게 됩니다. 나의 정체성이 달라집니다.

 사울은 다윗과 정반대였습니다. 일을 하다가 안 돼서 할 수 없이 하나님을 찾았습니다. 그는 하나님께 기도하지 않았습니다. 기도를 한 적이 있긴 한데, 죽기 전날 밤 그것도 변장을 하고 무당을 찾아가서 사무엘을 불러 임박한 전쟁에 대한 도움을 구하려 했을 때입니다. 이것저것 다 해봐도 답이 없자 마지막으로 하나님의 도움을 받으려 한 것입니다. 사울은 그렇게 기도를 맨 마지막에 놓았습니다. 다윗은 반대입니다. 그는 하나님을 맨 앞에 모셨습니다. 다윗의 생애에 하나님의 이름은 여호와 하나님이셨습니다. 사울의 생애에 하나님의 이름은 사울 자신이었습니다. 그에게 하나님은 보수 공사를 해주는 업자에 불과했습니다. 나 자신이 하나님 행세를 할 것인지, 하나님을 주인으로 모시고 그분의 종으로 살지는 기도를 어디에 놓을지에 따라 달라집니다.

일에 대한 정의와 가치의 변화

둘째, 기도를 맨 처음에 놓음으로써 내 일의 정의와 가치가 달라집니다. 기도를 맨 처음에 놓으면, 그 일이 내 일이 아니고 하나님의 일이 됩니다. 기도를 마지막에 놓으면 그 일은 내 일이 됩니다.

상참(常參)이라는 말을 들어본 적이 있습니까? 이 말은 조선 시대의 신하들이 아침마다 임금님과 조회를 하는 것을 말합니다. 신하 개인이 생각한 국정에 반영하면 좋을 안건은 임금에게 올리는 순간, 더는 그 신하 개인의 생각이 아닙니다. 그것은 왕의 프로젝트가 됩니다. 지혜로운 신하는 자기 마음대로 결정하지 않습니다. 반드시 그것을 왕에게 가져가서 자기 아이디어를 왕의 생각이 되게 합니다.

기도로 먼저 자기 삶을 하늘의 왕과 연결할 때 지극히 평범하고 작은 일은 하나님의 거룩한 사업이 됩니다. 다윗이 골리앗과 싸우러 나갔을 때 이렇게 외쳤습니다. "전쟁은 여호와께 속한 것이다!"(삼상 17:47). 어떻게 내 전쟁이 여호와의 전쟁이 됩니까? 기도를 첫자리에 놓으면 됩니다. 다윗은 기도를 첫자리에 놓음으로써 자기 삶의 사건들을 하나님의 일로 높이는 비결을 알고 있었습니다. 이 앎이 얼마나 우리의 삶을 다르게 만드는지 모릅니다. 우리도 그래야 합니다.

일에 접근하는 태도의 변화

마지막으로 기도를 맨 처음에 놓으면 일에 접근하는 태도가 달라집니다. 보통 사람들은 어떤 일을 할 때 무엇을 해야 할지 생각한 다음, 어떻게 할지를 생각합니다. '왜'라고 잘 묻지 않습니다. 모든 이유가 '나를 위해서'이기 때문입니다. 하나님의 사람인 우리는 무엇보다 먼저 왜 그 일을 하는지를 확정해야 합니다. 우리는 언제 어디서 무슨 일을 하든 하나님의 영광을 위해, 세상에 복이 되기 위해서 합니다. 그러면 그다음 질문, 어떻게 해야 할지에 대한 답이 쉽게 나옵니다. 우리는 언제 어디서 누구와 무슨 일을 하든 하나님의 기준에 맞는 방식으로 해야 합니다. 사람 눈을 속이거나 함량을 속이거나 덤터기를 씌울 수 없습니다. 수단과 방법을 가려야 합니다. 어떻게 할지 결정하면 그것에 따라 무엇을 할지가 명확히 드러납니다.

또 기도를 맨 처음에 놓으면 나에 대한 인식이 달라집니다. '하나님이 정(正)이시고, 나는 그분의 부(副)다.' 목적도 달라집니다. '이 일로 주님을 기쁘게 해드리고 이것이 세상에 복이 되게 하겠다.' 또한 일에 대한 태도도 달라집니다. '이 일은 주님의 일인데, 내가 무슨 일을 하든지 마음을 다하여 주께 하듯 하고 사람에게 하듯 하지 않겠다'(골 3:23 참고).

언제 어디서 누구와 무슨 일을 하든 항상 기도로 시작하십시오. 그것이 당신이 이미 소유한 다이아몬드 땅으로 성공하는 방법입니다.

세상 사람들은 남보다 더 가졌거나
더 높은 위치에 있으면
성공했다고 말합니다.
그러나 우리는 성공을
그렇게 정의하지 않습니다.
우리 하나님이 만드실 때 계획하셨던
바로 그 사람이 되는 것이 성공입니다.

8

때로 금식하며

여호사밧이 두려워하여 여호와께로 낯을 향하여 간구하고 온 유다 백성에게 금식하라 공포하매 유다 사람이 여호와께 도우심을 구하려 하여 유다 모든 성읍에서 모여와서 여호와께 간구하더라. **역대하 20:3-4**

우리의 일상은 하나님이 이 땅을 통치하시고 그것을 통해 우리가 심긴 작은 세상을 축복하는 하나님의 작업 현장입니다. 그러므로 '항상' 우리 일상을 기도로 채워야 합니다. 그러나 삶은 항상 그렇게 평범하고 일상적이지 않습니다. 때로는 태풍이 온 땅을 흔들어대듯 삶을 송두리째 뒤엎는 비상사태도 발생합니다. 그럴 때는 평소 했던 기도가 아닌 특별한 기도로 하나님께 나아가야 합니다. 그 절정이 바로 금식 기도입니다. 때로 우리는 다른 방법으로 기도해야 하나님이 우리에게 베푸시는 특별한 축복과 능력, 은혜를 받을 수 있습니다.

당신은 금식하며 기도해본 적이 있습니까? 성경이 말하는 금식의 정의는 영적인 목적을 위해 의지적으로 음식을 끊는 것입니다. 현대 크리스천은 금식을 매우 낯설어합니다. '그거 한물간 건데?' '예전에 유행했던 건데?' '금식은 율법주의적인 것이 아닌가?' '예수님이 금식을 명령하신 적이 없는데?' '이렇게 맛있는 게 많은데 왜 금식을 해야 하지?' 금식이 낯선 것이 현대 크리스천의 문제입니다.

구약과 신약을 통틀어 교회사 전체에서 역사의 변혁과 발전에 결정적으로 쓰임 받은 사람은 모두 금식을 신앙의 일부로 생활화했습니다. 모세, 엘리야, 에스겔, 다니엘, 예수님, 초대교회, 바울, 마르틴 루터, 칼뱅, 요한 웨슬리, 찰스 피니, 무디까지 하나님의 사람들은 금식을 통해 얻은 비상한 하나님의 능력으로 이 땅을 축복했습니다.

예수님이 금식을 명하지 않으셨다는 말은 마태복음 6장에 나오는 금식의 태도에 관한 말씀을 잘못 이해했기 때문에 나온 것입니다. 예수님은 "너희가 금식할 때에"(When you fast)라고 말씀하셨습니다. '네가 만약에 금식하게 되거든'(if you fast)이 아닙니다. "금식할 때에"라는 말은 금식할 때가 있다는 것과, 당연히 금식이 신앙생활의 일부라는 사실을 전제하고 하신 말씀입니다. 만약 이 구절을 예수님이 금식에 부정적이셨다는 근거로 말한다면 앞뒤 맥락을 제대로 보지 못한 것입니다. 예수님은 기도, 금식, 구제에 관한 것을 말씀하셨습니다. 세 가지 다 사람 앞에 보이려고 '쇼 비즈니스' 하지 말라고 가르치신 것입니다. 바른 기도, 바른 금식, 바른 구제를 하라고 하신 말씀을 맥락을 무시한 채, 금식이 필요 없다고 하면 기도나 구제도 필요 없는 것이 됩니다. 사실 예수님은 죄의 고백이나 회개보다 금식에 대해 더 많이 말씀하셨습니다. 또 세례나 성찬보다 더 많이 금식에 관련된 말씀을 하셨습니다.

금식에는 세 종류가 있습니다. 첫째는 절대 금식이 있습니다. 절대 금식은 입으로 들어가는 모든 것을 차단하는 것입니다. 사람은 밥을 먹지 않고도 40일 동안 살 수 있지만 물은 10일간 먹지 않으면 죽습니다. 생명을 유지하는 데는 밥보다 물이 훨씬 중요합니다. 그런데 모세의 경우 시내산에서 하나님께 기도할 때, 먹거나 마시지도 않고 40일을 견뎠습니다. 그것은 하나님이 특별히 보호하셨다는 증거입니다. 이렇게 음식과 물 두 가지를 다 금하는 것을 절대 금식이라고 합니다. 또 다른 금식으로는 보통 금식이 있습니다. 음식은 먹지 않지만 물은 마시는 금식입니다. 성경에 나오는 금식이 보통 이런 형태입니다. 그리고 부분 금식도 있습니다. 하루 세 끼 중 한두 끼 정도를 먹지 않는 것입니다. 끼니뿐만 아니라 어떤 종류의 음식을 끊는 것도 부분 금식입니다. 이것을 다니엘 금식이라고도 부릅니다. 많은 성도가 고난 주간에 하루나, 최소 한 끼 이상을 금식하려고 합니다.

문제는 금식에 대한 오해가 심하다는 것입니다. 금식은 복을 받거나 구원받으려고 하는 것이 아닙니다. 요구 사항을 관철시키고자 단식 투쟁처럼 하는 것은 더더욱 아닙니다. 하나님은 우리가 밥을 굶는다고 자신의 뜻을 바꾸지는 않으십니다. 금식의 초점은 하나님의 마음이 아니라 내 마음을 바꾸는 데 있습니다. 예수님은 우리에게 금식하라고 명령하신 적이 없습니다. 금식은 자발적인 나의 선택으로 하는 것입니다. 얼마나 금식할지, 무엇을 금식할지는 내가 정하는 것입니다. 또 금식은 광신적이고 투사적인 믿음을 가진 사람들만 하는 것이 아닙니다. 그것은 영적 성숙과 삶의 쇄신을 위한 은혜의 통로입니다. 그리고 금식을 통해서만 얻을 수 있는 영적 성장이 있습니다.

왜 금식하며 기도하는 일이 그렇게 중요할까요? 왜 남의 이야기

같은 금식 기도가 나의 이야기가 되어야 할까요? 여호사밧 왕의 이야기가 그 이유를 확실하게 설명해줍니다. 여호사밧은 남유다의 제4대 왕이었습니다. 주전 871-847년에 유다를 통치했던 그는 하나님이 보시기에 드물게 선하고 신실한 왕이었습니다. 성경은 그의 선한 통치를 이렇게 기록하고 있습니다. "여호와께서 여호사밧과 함께하셨으니 이는 그가 그의 조상 다윗의 처음 길로 행하여 바알들에게 구하지 아니하고 오직 그의 아버지의 하나님께 구하며 그의 계명을 행하고 이스라엘의 행위를 따르지 아니하였음이라 그러므로 여호와께서 나라를 그의 손에서 견고하게 하시매 유다 무리가 여호사밧에게 예물을 드렸으므로 그가 부귀와 영광을 크게 떨쳤더라"(대하 17:3-5). 하나님은 전심으로 순종하는 그에게 평강에 평강을 더하셨습니다. 여호사밧은 온 백성이 하나님의 말씀을 잘 알고 순종함으로 그분과 동행할 수 있도록 전국 각지에 성경 교사를 파송하여 백성을 말씀 위에 세웠습니다. 우리 생각에 이런 사람의 삶은 늘 형통하고 평안해야 할 것만 같습니다. 그러나 하나님은 그 백성의 삶에 더 크고 비상한 축복을 주시려고 태풍을 일으키셨습니다.

여호사밧의 형통과 부강에 위협을 느낀 나라들이 있었습니다. 요단강 동쪽에 있는 모압과 암몬과 마온 사람들입니다. 그들이 여호사밧을 치려고 연합군을 결성해 오고 있었습니다. 이미 그들은 요단강을 건너 유다 광야에 있는 엔게디까지 파죽지세로 진격해왔습니다. 여호사밧은 많이 두려웠습니다. 이 연합군을 이길 방법이 없었습니다. 이런 절망적인 상황에서 믿음의 사람 여호사밧은 전 국민에게 금식을 선포합니다. 모두 금식하며 기도함으로 하나님의 도움을 구하게 합니다. 왕 자신도 백성의 지도자들과 함께 금식하며 성전에 올라가 하나님께 기도했습니다. 그가 금식하며 부르짖은 기도가 역대하 20장 6-12절에 나옵니다. 그중에 두 구절을 보겠습니다.

> "우리 조상들의 하나님 여호와여 주는 하늘에서 하나님이 아니시니이까 이방 사람들의 모든 나라를 다스리지 아니하시나이까 주의 손에 권세와 능력이 있사오니 능히 주와 맞설 사람이 없나이다…우리 하나님이여 그들을 징벌하지 아니하시나이까 우리를 치러 오는 이 큰 무리를 우리가 대적할 능력이 없고 어떻게 할 줄도 알지 못하옵고 오직 주만 바라보나이다"(6, 12절).

이 급박한 상황에서 온 백성이 금식하며 기도할 때 거기 모여 섰던 사람 중 한 레위 사람을 통해 하나님이 바로 응답해주셨습니다.

> "너희는 이 큰 무리로 말미암아 두려워하거나 놀라지 말라 이 전쟁은 너희에게 속한 것이 아니요 하나님께 속한 것이니라…이 전쟁에는 너희가 싸울 것이 없나니 대열을 이루고 서서 너희와 함께한 여호와가 구원하는 것을 보라"(15, 17절).

믿음의 사람 여호사밧은 그 말씀이 하나님께로부터 온 말씀임을 알고, 그 말씀대로 이루어질 것을 믿었습니다. 그래서 누구도 이해하기 어려운 전쟁 준비를 합니다. 성가대 가운을 입힌 레위 사람들로 특별 성가대를 결성해 찬양을 준비합니다. 그리고 성가대를 맨 앞에 세우고 그다음에 전투할 병사들을 세운 다음 대적들을 마주하러 나아갑니다. 그들이 나아갈 때 성가대가 하나님을 찬양하기 시작했습니다. 바로 그때, 찬양을 신호로 하나님의 놀라운 간섭이 적 연합군 속에 일어났습니다. 이들 사이에 충돌이 일어난 것입니다. 연합군들은 서로 적이 되어 닥치는 대로 칼로 찔러 자기편을 죽였습니다. 현장에 도착했을 때는 살아남은 자가 하나도 없었습니다. 유다는 피 한 방울 흘리거나 칼 한 번 휘두르지 않고 승리를 거두었습니다. 이 연합군 무리가 유다를 완전히 지면에서 없애버리려고 얼마나 많은 군량미와 전투 장비, 군수품을 가지고 왔던지, 온 유다 군사는 전리품을 거두는 일에만 3일을 써야 했습니다. 이 놀라운 승리가 있은 다음에 여호사밧은 백성을 다 모아 감사 기도회를 열었습니다. 역대하 20장 전체를 한마디로 요약하면 이렇게 표현할 수 있습니다. '여호사밧 왕은 비상사태가 발생했을 때 금식 기도로 나라의 위기를 승리와 성숙의 기회로 바꾸었다.'

하나님이 이 이야기를 성경에 기록하신 목적은 무엇입니까? "얘들아, 너희도 그런 승리를 얻기 원하느냐? 너희도 그렇게 위기를 돌파하고 영적 권능을 경험하기 바라느냐? 그렇다면 금식하며 기도해라"라고 말씀하시기 위해서가 아닐까요? 하나님의 사람들은 금식을 통해 상상할 수 없는 능력과 기적을 끌어내어 그 믿음으로 잘못된 현실을 바로잡았습니다. 금식 기도는 위기를 기회로 바꾸고 문제를 돌파할 힘을 얻으며 우리를 성숙해지게 하는 축복의 통로입니다. 하나님은 금식 기도를 일상적인 기도보다 훨씬 더 잘 들어주셨습니다. 왜 그럴까요? 하나님이 우리가 밥을 굶고 고행을 해가며 기도해야 무언가 해주는 게 취미인 분이기 때문입니까? 아닙니다. 우리가 금식하며 기도할 때만 얻을 수 있는 네 가지를 영적 축복을 주기 바라시기 때문입니다.

절대 의존

첫째, 금식은 하나님께 절대 의존한다는 표현입니다. 여호사밧이 금식한 것은 하나님을 절대적으로 의존했음을 보여주기 위해서입니다. '하나님, 저의 힘으로는 할 수 없습니다. 하나님이 안 도와주시면 우리는 죽습니다.'

여호사밧이 죽은 후 많은 세월이 지난 다음, 유다 민족은 큰 위기를 맞았습니다. 에스더라는 페르시아 왕후는 전 민족이 몰살당할 위기 앞에서 범민족적 금식을 요구합니다. 악하고 교만한 하만이 모든 유대인을 이 땅에서 제거하려 했기 때문입니다. 하만은 유대인 인종 청소법을 제정해 황제의 인장 반지로 도장을 찍은 후 선포했습니다. 그렇게 위태로울 때 모르드개는 에스더에게 왕 앞에 나가 민족 구원을 위한 탄원을 해달라고 부탁합니다. 그러나 에스더는 왕의 부름 없이 왕 앞에 나가는 것은 탄원은커녕 죽을 수도 있음을 알고 주저합니다. 모르드개는 에스더에게 말합니다. "이때에 네가 만일 잠 잠하여 말이 없으면 유다인은 다른 데로 말미암아 놓임과 구원을 얻으려니와 너와 네 아버지 집은 멸망하리라 네가 왕후의 자리를 얻은 것이 이때를 위함이 아닌지 누가 알겠느냐"(에 4:14). 그러자 에스더는 자기가 목을 내걸고 왕 앞에 나가 탄원하겠으니 모든 유대인으로 금식하며 기도하게 하라고 부탁합니다. 이에 모든 유대인은 목숨을 건 절박함으로 금식하며 기도했습니다. 그 기도는 능력 있게 응답을 받았습니다. 부름 받지 않은 에스더가 왕 앞에 나아갔지만 왕은 금으로 된 규를 내밀어서 그를 환영했습니다. 목숨을 건 금식 기도와 탄원의 결과, 몰살당할 뻔했던 유대인들은 다 살아나게 되었고 인종청소를 계획했던 하만은 그가 모르드개를 매달아 죽이려고 설치했던 그 장대에 매달려 죽었습니다.

　이 사건이 있고 얼마 뒤, 에스라는 제2차 귀환민을 인솔하여 고국 이스라엘로 돌아오고 있었습니다. 귀환 단장으로 사람들을 안전하게 인도하여 돌아오게 해야 하는데 너무나 막막하고 답답했습니다. 수많은 위험이 도사리는 긴 거리를 여행해야 하는데, 왕에게 자신들을 보호해줄 보병과 마병을 달라고 요청할 수가 없었습니다. 자신이 여러 번 왕에게 하나님은 그분을 찾는 자에게 은혜를 베푸시는 분이라고 간증했기 때문입니다. 그런데 실제로 위험한 상황이 닥치자, 자신들을 지켜줄 하나님이 계시지 않는 것처럼, 여행 내내 지켜줄 보병과 마병을 달라고 말하기가 민망했습니다. 하나님의 영광과 능력이 황제 앞에서 멸시받느니 차라리 위험한 여행을 하기로 선택한 것입니다. 그들은 아하와 강가에까지 와서 걸음을 멈추었습니다. 거기서 귀환민들은 금식하며 귀환길이 안전하도록 지켜달라고 절박하게 기도했습니다. 하나님의 보호와 동행 속에서 그들은 동전 하나 뺏기는 일 없이, 화살 하나 맞는 일 없이 안전하게 본토 예루살렘으로 돌아왔습니다.

남의 이야기 듣듯이 금식 기도 이야기를 들으니 재미가 없지요? 우리나라에서 있었던 이야기를 들려드리겠습니다. 1950년 6월 25일 북한군이 쳐들어왔습니다. 전쟁이 발발한 지 20일 만에 중부 지역까지 북한군 손에 넘어갔습니다. 세 달이 지났을 때는 낙동강 이남만 빼놓고는 다 그들 손에 넘어갔습니다. 낙동강 방어선을 놓고 대치한 처량하고 급박한 상황이었습니다. 그 위급한 때, 이승만 대통령은 부산에 있던 목사님들에게 긴급히 금식 기도를 부탁합니다. 그때 모든 목사님이 합심하여 금식 기도를 하며 절박하게 주께 구조를 호소했습니다. 어떤 일이 벌어졌을까요?

UN 안전보장이사회가 한국전쟁에 UN군을 파견할 것을 결의해야 하는데 그곳의 상임 이사국인 소련이 허락해주지 않았습니다. 북한은 소련의 꼭두각시 정권이었기 때문입니다. 그런데 그 중대한 결정을 내려야 하는 아침에 소련 대표가 상임 이사회에 가기 위해 나서는데 자동차 바퀴가 터지고 말았습니다. 그것을 갈아 끼우는 과정에서 시간이 너무 지체되었습니다. UN 안전보장이사회는 소련 대표가 없는 상태에서 16개국 UN군을 한국에 파병하기로 결정했습니다. 그가 씩씩거리며 회의장에 들어섰을 때는 이미 결정이 끝난 뒤였습니다. 그 절박한 때 목사님들이 올린 금식 기도 덕분에 나라를 구한 것입니다.

이렇게 금식으로 우리는 하나님을 의존하게 되고, 하나님을 의존하는 자만 받는 특별한 능력을 경험하게 됩니다. 비상사태입니까? 속수무책입니까? 절망적 상황에 부닥쳤습니까? 어디 살길이 없나 하고 사방을 두리번거리지 말고 금식기도로 하나님께 집중하십시오. 그 상황은 당신을 금식 기도로 초대하시는 하나님의 부르심입니다. 겸손히 자신의 연약함을 인정하고 그분의 전능한 손에 문제를 올려놓으십시오.

절대 집중

둘째, 우리가 금식하며 기도할 때 주님이 기뻐하시는 이유는 그것이 하나님에 대한 절대 집중의 표현이기 때문입니다. '차렷!' 유치생일 때부터 학교에서, 군대에서까지 우리는 이 말을 자주 들었습니다. 차렷은 무슨 뜻입니까? 다른 말로 하면 '주의를 집중하라!'는 뜻입니다. 다른 생각을 하고 있다가도 '차렷!' 하는 소리가 들리면, 주목하고 주의를 집중해야 합니다. 금식은 밥을 굶는 것이 아닌 하나님을 주목하는 데 그 중점이 있습니다. 세상을 살아가며 우리는 수많은 소음에 시달립니다. 컴퓨터, 스마트폰, TV…. 이런 유혹 속에서 깨닫지 못하는 사이에 우리는 영적인 ADHD 환자로 전락하고 말았습니다.

이스라엘 백성은 반드시 일 년에 한 차례는 금식을 해야 했습니다. 그 법정 금식일은 대속죄일입니다. 대속죄일에는 무엇에 중점을 둡니까? 하나님께 집중해야 합니다. 일 년간 살아오면서 흐트러진 삶을 정돈하고, 더러워진 죄를 씻으며, 하나님과의 뒤틀린 관계를 바로잡습니다. 모세는 두 번이나 40일 금식 기도를 했습니다. 목적이 무엇이었습니까? 집중하여 하나님의 말씀을 받기 위해서였습니다. 안디옥 교회는 자신들의 목회자 두 사람을 선교사로 파송하라는 하나님의 지시를 듣고 순종할 수 있었습니다. 어떻게 그것이 가능했을까요? 금식하며 주님께 집중했을 때 주님의 분명한 지시를 받았기 때문입니다.

금식은 하나님의 뜻을 바꾸는 단식 투쟁이 아닙니다. 하나님께 집중함으로 나를 바꾸는 일입니다. 아합같이 나쁜 왕, 니느웨 백성처럼 죄악이 가득한 백성도 금식하며 회개할 때, 악한 죄로 인한 심판과 파멸을 면할 수 있었습니다. 금식할 때 우리 자신의 내면세계를 확실하게 볼 수 있습니다. 그래서 금식 기도는 나의 연약함, 나의 거짓됨, 나의 잘못된 동기, 나의 잘못된 자세를 바로 세우는 강력한 힘이 있습니다. 많은 사람이 자기 위장(胃腸), 배를 하나님으로 삼았습니다. 성경은 이를 "그들의 신은 배요"(빌 3:19)라고 표현합니다. 그들은 위장이 지시하는 대로 살아갑니다. 먹기 위해 살고, 위장을 위로하고 기쁘게 하기 위해 살아갑니다. 3일쯤 금식하면 위장이 가만히 있지 않고 발악을 합니다. 배도 아프고 현기증이 나며 죽을 것만 같습니다. 금식을 해보면 3일째에 제일 힘들다고 느낍니다. 그런데 4

일이 넘어가면 그때부터 머릿속이 비 온 뒤 하늘처럼 맑아지기 시작합니다. 그때부터 내가 어떤 사람인지, 내가 지금 어떤 상태에 있는지가 정확하게 보이기 시작합니다. 음식을 끊으면 정신 활동이 활발해져서 하나님의 뜻과 계획이 더 명백하게 보입니다.

삶이 혼란스럽습니까? 당신의 영혼에 낀 미세먼지 때문에 하늘이 잘 보이지 않습니까? 무엇이 하나님의 뜻인지 잘 모르겠습니까? 금식할 때입니다. 금식하면 영혼의 미세먼지가 말끔히 벗어집니다. 하나님께 집중하는 것이 금식의 초점입니다.

절대 갈망

셋째, 금식은 하나님에 대한 절대 갈망의 표현이기 때문에 하나님이 기뻐하십니다. 금식은 기도의 배고픈 하녀라는 말이 있습니다. 금식을 하면 우리가 그동안 얼마나 음식을 사랑해왔는지 알게 됩니다. 우리는 너무나 쉽게 하나님보다 음식을 사랑할 수 있습니다. 또 금식을 해보면 우리가 얼마나 영적인 삶보다 육적인 삶을 더 소중하게 생각하고 추구했는지가 드러납니다. 하나님보다 다른 것을 더 사랑했음이 명백히 드러나는 것입니다. 우리는 몸을 보전하기 위해 얼마나 철저하게 행동합니까? 음식을 먹는 데는 열정을 다해 부지런과 극성을 떨면서 영혼을 배부르게 하는 데는 얼마나 관심이 있습니까? 많은 성도가 하나님에 대해 배고파하지 않습니다. 금식은 단순히 밥을 굶는 행위가 아니라 '예수님을 먹는 것'입니다. 하나님을 향한 주림이 금식의 핵심이 됩니다. 아이들이 밥을 안 먹게 하는 방법이 있습니다. 배가 부르도록 과자를 많이 먹이는 것입니다. 과자로 입맛을 잃어버리면 밥맛이 없어집니다. 영적으로도 다르지 않습니다. 예수님에 대한 입맛을 잃어버렸다면 그것은 세상의 불량 식품으로 영적 입맛을 버렸기 때문입니다. 그것을 바로잡는 가장 좋은 방법은 무엇입니까? 바로 금식입니다. 이처럼 금식은 밥을 안 먹는 데 초점이 있지 않고 예수님을 먹는 데 주안점을 둡니다. 밥을 추구하고 그리워하듯이 예수님을 사모해야 합니다.

절대 능력

마지막으로 금식은 하나님에 대한 절대 능력의 통로가 됩니다. 사단을 결박하는 능력은 금식에 있습니다. 예수님은 40일 동안 금식 기도를 하셨습니다. 그래서 사단의 시험을 능히 이기실 수 있었습니다. 변화산에서 제자들이 귀신을 내쫓지 못했던 것을 기억합니까? 제자들은 예수님이 귀신을 단번에 내쫓으시는 것을 보며 조용히 물었습니다. "왜 저희는 귀신을 내쫓지 못했습니까?" 예수님은 이렇게 대답하셨습니다. "기도와 금식 외에는 이런 유가 나갈 수 없다." 개역개정에는 "기도 외에 다른 것으로는 이런 종류가 나갈 수 없느니라"(막 9:29)고만 번역되어 있지만, 고대 사본을 좀 더 자세히 번역한 KJV

와 흠정역은 "기도와 금식 외에는"이라고 나와 있습니다.

금식은 사단의 영적 진지를 부수는 핵폭탄입니다. 기도가 폭탄이라면 금식 기도는 핵폭탄입니다. 결심을 해도 끊어지지 않는 죄가 있습니까? 금식하셔야 합니다. 당신에게 찌든 때와 같은 나쁜 습관이 있습니까? 그것이 사슬이 되어 발목을 잡고 당신을 날아오르지 못하게 합니까? 금식 외에는 그 결박이 끊어지지 않습니다. 혹시 당신 집안에 주님을 욕되게 하는 나쁜 문화가 있습니까? 그것이 끊어지도록 금식하셔야 합니다. 흉악의 결박을 끊어내는 것은 금식의 권능입니다. 성경은 말합니다. "내가 기뻐하는 금식은 흉악의 결박을 풀어 주며 멍에의 줄을 끌러 주며 압제당하는 자를 자유하게 하며 모든 멍에를 꺾는 것이 아니겠느냐"(사 58:6). 금식은 하늘의 문을 열고 하나님이 개입하시도록 맡겨드리는 것입니다. 안 믿는 자녀를 위해 고민만 하지 말고 금식하십시오. 사업이 풀리지 않거나 죽이고 싶을 정도로 미운 사람이 있을 때 잘되게 해달라거나 사랑하게 해달라고 기도만 하지 말고, 금식하십시오. 당신의 힘든 문제는 금식을 통해 해결할 수 있습니다.

여기까지 읽으면서도 금식한다고 문제가 풀릴지 여전히 의문이 생깁니까? 이해하려고 하지 마십시오. 금식은 이해로 배우는 것이 아닙니다. 수영이나 운전을 몸으로 익히듯이 금식도 겸손한 순종과 복종을 통해 실제로 해봄으로써 배울 수 있습니다. 때로 금식하며 하나님을 절대적으로 의존하고 집중하는 법, 그분을 갈망하는 법과 그분의 능력을 덧입는 법을 배우십시오.

9

함께

진실로 다시 너희에게 이르노니 너희 중의 두 사람이 땅에서 합심하여 무엇이든지 구하면 하늘에 계신 내 아버지께서 그들을 위하여 이루게 하시리라 두세 사람이 내 이름으로 모인 곳에는 나도 그들 중에 있느니라. **마태복음 18:19-20**

영적인 삶에서 기도는 마치 적진 속에 있는 병사의 보급로와 같습니다. 그래서 이 땅에 사는 크리스천은 끊임없이 기도해야 합니다. 개인적으로 드리는 기도로 삶에 엄청난 차이가 생깁니다. 그러나 주님께 개인적으로 기도하는 것만큼이나 다른 사람들과 함께 기도하는 것도 중요합니다.

바로 예수님 자신이 그 본보기를 보여주셨습니다. 예수님은 매일 새벽, 아직 어두울 때 개인적으로 하나님과 깊은 기도의 시간을 보내셨습니다. 그러나 그렇게 개인적으로만 기도하지 않으셨습니다. 예수님은 제자들과 함께 기도하셨습니다. 겟세마네 동산에도 제자들과 함께 가셨는데, 자신의 기도에 제자들이 참여하기를 바라셨기 때문입니다. 예수님은 우리에게 이렇게 약속하셨습니다. "진실로 다시 너희에게 이르노니 너희 중의 두 사람이 땅에서 합심하여 무엇이든지 구하면 하늘에 계신 내 아버지께서 그들을 위하여 이루게 하시리라"(마 18:19).

그 약속을 받은 초대교회 성도들이 합심해서 기도했을 때 성령이 임하고 교회가 시작되었습니다. 합심 기도로 시작된 교회는 그것으로 힘을 얻고 성장했습니다. 주님은 우리가 합심하여 기도하기를 바라십니다. 왜 하나님은 합심 기도를 기뻐하십니까? 왜 합심 기도를 잘 들어주십니까? 왜 우리에게 합심 기도를 하라고 명령하셨습니까? 많은 유익이 있지만 그중에 세 가지 대표적인 축복만 말씀드리겠습니다.

기도의 능력

첫째, 함께 기도하면 기도의 능력이 강화되기 때문입니다. 아궁이에 불을 때본 적이 있습니까? 아궁이 불은 가스레인지나 인덕션처럼 강, 약, 중간으로 화력을 조절할 수 없습니다. 아궁이의 불을 조절하는 방법은 딱 한 가지입니다. 타고 있는 장작들을 모아놓으면 '강'이 되고, 그것을 흩어놓거나 끄집어내면 '약'이 되거나 불이 꺼집니다. 기도도 똑같습니다. 우리가 함께 기도할 때 더 힘을 얻습니다. 말 한 마리는 2톤 무게를 끌 수 있다고 합니다. 그러면 말 두 마리는 몇 톤을 끌겠습니까? 4톤을 끌어야 셈본이 맞습니다. 그러나 말 두 마리로 23톤을 끌 수 있다고 합니다. 이것이 바로 함께할 때 생기는 시너지 효과라고 말할 수 있습니다. 이렇듯 우리도 함께 기도할 때 더 힘을 얻습니다. 그 이유는 무엇일까요?

2016년 시작된 촛불집회로 대통령이 물러나는 사건이 있었습니다. 촛불 하나가 켜진다고 누가 거들떠보겠습니까? 그러나 천 명, 만 명이 모여 촛불을 켜자 그 주장에 강력한 힘이 생겼습니다. 함께 하는 힘을 경험한 사람들은 촛불이 천만 개 켜지면 대통령도 물러나게 할 수 있다고 생각하는 것 같습니다. 그러나 그런 논리로 함께 기도하는 것의 능력을 설명할 수는 없습니다. 우리가 함께 모여 떼를 쓰면 하나님도 꼼짝없이 백기를 들고 우리 기도를 들어주실 것이라고 이해하는 것입니다. 그러나 함께 기도하는 것은 떼로 떼쓰는 영적인 시위가 아닙니다.

함께 기도할 때 우리의 기도가 매우 달라지기 때문에 그 기도에 힘이 생기는 것입니다. 보통 나 혼자 드리는 개인 기도는 다분히 자기중심적인 기도일 수밖에 없습니다. 내가 생각할 때 가장 좋고 가장 필요하며 가장 급한 것…. 이처럼 개인적인 기도는 대개 나에게 초점이 맞추어져 있습니다. '제가 지금 몸이 아픕니다. 돈이 떨어졌습니다. 저의 직장 생활이 꼬여 힘듭니다.' 그러나 함께 기도하면 나에게 있던 초점이 하나님께로 옮겨가고, 내 상황에서 하나님의 뜻으로 초점이 이동합니다. 더 순수한 동기와 객관적 목적을 위해 기도하게 되기 때문에 함께 기도할 때 하나님이 더 잘 들으시는 기도가 됩니다.

2015년 10월 9일 나는 놀라운 경험을 했습니다. 두렵고 설레는 마음에 긴장한 탓인지 목이 완전히 잠겨 소리가 나지 않았습니다. 마귀가 내가 할 일을 막으려고 목을 다섯 바퀴쯤 비틀어놓은 것처럼 느껴졌습니다. 그날은 세대로교회의 주최로 제1회 교육목회 컨퍼런스가 열리는 날이었습니다. 전국에서 목회자 백여 명을 초대한 상황이었고, 나는 온종일 교육목회에 관한 강의를 해야 했습니다. 그런데 그 저녁에 목소리가 잠겨 아예 소리가 나지 않았습니다. 나는 심각한 영적 전쟁 가운데 있음을 느끼고, 밤 9시에 중보기도팀에 도움을 요청했습니다. "저를 위해 기도해주세요. 목소리가 나오지 않습니다." 목소리가 죽은 것에 대한 염려와 첫 컨퍼런스에 대한 부담 때문이었는지 잠도 오지 않았습니다. 겨우 잠이 들었다 깨어보니 새벽 2시였습니다. 그때 핸드폰에 중보기도팀 용사들이 기도한 내용을 올려놓은 것을 보았습니다. 몇몇 성도가 용맹한 용사처럼 내 목을 위해 기도해주고 있었습니다. 그리고 컨퍼런스 당일, 나는 조금의 불편함도 없이 온종일 강의를 잘 감당할 수 있었습니다. 나는 어려운 일이 있으면 온 가족에게 기도해달라고 구조 요청 문자를 보냅니다. 합심해서 기도할 때 주님이 놀랍게 응답하십니다. 합심해서 기도하는 습관을 들이십시오. 강력한 기도를 할 수 있습니다.

영적 성숙

둘째, 함께 기도하면 영적 성숙을 이룰 수 있습니다. 하나님은 우리가 합심하여 기도하는 것을 기뻐하십니다. 앞에서 말했듯이 합심해서 기도할 때, 나에게서 하나님께로, 내 상황이나 욕심에서 하나님의 목적으로 초점이 변하기 때문에 기도의 동기와 목적이 더 순결해지는 것입니다.

그러나 그뿐만이 아닙니다. 하나님은 우리가 합심해서 기도할 때, '저 아이들이 나를 닮아가는구나' 하고 기뻐하십니다. 왜 그럴까요? 하나님은 성부 하나님, 성자 예수님, 성령 하나님, 삼위이신데 한 분이십니다. 하나인데 셋이고 셋인데 하나입니다. 세상을 지으실 때도, 인류를 구원하실 때도 삼위 하나님은 한 분으로 일하셨습니다. 합심 기도는 그런 점에서 하나님을 닮은 행위입니다. 분명히 기도하는 사람이 둘인데 한마음과 한뜻과 한 사랑으로 기도하니 하나님과 닮은꼴로 일하는 셈입니다. 그래서 하나님은 그 기도를 기뻐하시는 것입니다.

합심해서 기도하는 일은 하나님을 닮았을 뿐만 아니라 성삼위 하나님의 일에 참여하는 것도 됩니다. 우리가 합심해서 기도할 때 삼위일체 하나님이 어떻게 일하시는지 잘 보십시오. 먼저 성령 하나님이 "이 문제를 너 혼자 기도하지 말고 같이 기도해라"라고 우리의 기도를 인도하십니다. 그런가 하면 성자 예수님은 "두세 사람이 내 이름으로 모인 곳에는 나도 그들 중에 있느니라"(마 18:20)고 하신 약속대로 그 자리에 계십니다. 그리고 성부 하나님은 약속대로 그 일을 이루십니다. "너희 중의 두 사람이 땅에서 합심하여 무엇이든지 구하면 하늘에 계신 내 아버지께서 그들을 위하여 이루게 하시리라"(마 18:19). 하나님은 우리의 기도를 듣고 계시며 우리 기도에 응답할 준비를 하고 계십니다. 그러므로 합심해서 기도하는 것은 성삼위 하나님의 작업에 동참하는 것입니다. 그렇게 하나님과 함께 작업하다 보면 하나님이 어떤 분이신지, 무슨 일을 하시는지 점점 더 깊이 이해하게 됩니다. 하나님과 더 가까워질수록 그분을 더 닮아가는 것은 당연한 결과입니다. 그리고 그것이 바로 영적인 성숙입니다.

당신은 기도를 어떻게 배웠습니까? 혼자 산에 가서 기도하니까 기도가 터졌습니까? 아닙니다. 당신이 지금 하고 있는 기도는 주변 사람들이 하는 것을 보고 모방하면서 배운 것입니다. 기도를 배우는 과정은 말을 배우는 과정과 똑같습니다. 혼자서 말을 배울 수 있습니까? 그럴 수 없습니다. 계속 말을 주고받아야 말을 배우는 것처럼 함께 기도함으로 기도를 배웁니다. 정말 올바른 기도를 배우고 싶다면, 합심해서 기도하는 일을 소홀히 하지 말아야 합니다. 예수님을 믿은 지 몇 년이나 지났는데도 기도하라고 하면 반벙어리가 되어 기도 한마디를 할 수 없어서야 되겠습니까? 손주가 아픈데 할머니, 할아버지가 되어서 그 절박한 상황에 권위 있게 기도할 수 없어서야 되겠습니까? 그렇게 시시한 크리스천이 되어서야 되겠습니까? 그렇게 안 되려면 다른 사람과 함께 기도해야 합니다. 사람들에게 기도를 부탁하고 그들을 위해 기도해주십시오.

"얘야, 힘들지? 내가 기도해줄게."

당신의 기도가 자녀의 귀에 어설프게 들릴 수도 있습니다. 예배 시간에 들었던 장로님이나 목사님의 기도처럼 유창하지 않을 수 있기 때문입니다. 그러나 그렇게 하는 것이 기도가 자라는 출발점입니다. 그래야 기도의 근력이 생기고, 기도의 마음 주머니 용량이 커집니다. 영적으로 성숙하려면 반드시 함께 기도해야 합니다.

공동체 형성

마지막으로 함께 기도함으로 공동체가 이루어집니다. 이 세상은 점점 더 외톨이가 되기 쉬운 곳이 되고 있습니다. 가족과 함께 살아도 외롭습니다. 아내는 방에 들어가 일일 드라마를 보는 낙으로 삽니다. 그것이 매일 성경 읽는 일보다 더 규칙적으로 잘 지키는 일입니다. 그런가 하면 남편은 하나님과 기도하는 시간은 보내지 않으면서 뉴스와 축구는 꼭 챙겨 봅니다. 그것이 훨씬 더 중요한 일처럼 보입니다. 아들은 하라는 공부는 안 하고 방에 들어가서 컴퓨터 게임만 하고 있고, 딸은 핸드폰으로 SNS 상에서 친구와 수다를 떨고 있습니다. 네 식구가 사는데, 사는 모습은 하숙생 네 명이 사는 것 같습니다. 그러면서 전부 외로워합니다. 서로 소원함을 느끼고 상대에게 서운해합니다. '아버지는 날 몰라.' '우리 애들은 자식이 돼서 내가 얼마나 고생하는지도 몰라. 아내도 내 마음을 몰라줘.' 교회도 마찬가지입니다. 10년이나 교회를 다녔어도 나눔도 못 하는 사람이 많습니다. 말도 안 건네고 자기 마음을 보이지도 못하는 고아 같은 교회 생활을 끝내는 방법이 무엇인지 아십니까? 다른 사람과 함께 기도하는 것입니다. 기도를 섞지 않으면 절대로 그 외로움을 극복할 수 없습니다.

가정을 사랑과 나눔, 공감의 공동체로 만드는 방법도 함께 기도하는 것입니다. 유람선을 타본 적이 있습니까? 유람선은 선원만 승객을 돕느라 고생하고 나머지 승객들은 누리기만 합니다. 조금이라도 불편하면 승객으로서 불평하거나 원망할 수 있습니다. 그러나 군함은 유람선과 다릅니다. 군함에 탄 사람은 모두 동지이자 전우입니다. 그들은 모두 같은 목적을 위해 위험을 무릅씁니다. 그들에게는 헌신과 책임만 있을 뿐입니다. 당신의 가정이나 교회는 유람선 같은 공동체입니까, 아니면 군함 같은 공동체입니까? 무엇으로 그것을 판별할 수 있습니까? 함께 합심해서 기도하는지 여부를 보면 알 수 있습니다.

왜 아버지 혼자 가정 경제를 놓고 고민해야 합니까? 아버지는 천 원이라도 더 싼 음식으로 점심을 해결하려는데 자녀는 만 원이 넘는 음식에 아버지 점심값보다 비싼 커피를 반드시 마셔야 합니까? 남편이 회사에서 곧 퇴출당할 수도 있는데 아내는 아무것도 모른 채 새 옷 타령만 하고 있지 않습니까? 이들은 유람선 같은 집안입니다. 어떻게 해야 합니까? 어려움을 공개하고 모든 가족이 무릎을 꿇고 손을 붙잡으며 기도해야 합니다. 남자로서 체면이나 아버지의 권위는 다 내려놓아야 합니다. 가족과 함께 가정의 문제를 놓고 기도할 때 자녀는 더는 승객이 아닌 함께 배를 탄 사람이 됩니다. 가족이 함께 드리는 기도에서 책임지는 삶이 무엇인지 배우게 됩니다.

이참에 합심 기도에 대한 내 인생의 간증을 나누겠습니다. 하나님은 내게 소중한 두 자녀를 맡겨주셨습니다. 또 두 아이는 각자 가정을 이루고 부모가 되었습니다. 내가 그들을 키운 것처럼 그들도 자기 자녀를 키우는 모습을 보는 것만으로도 전율을 느낄 때가 많습니다. 두 자녀가 자신의 하나님을 만나고, 하나님만 의지하도록 신앙

교육을 한 방법은 설교나 가르침이 아니었습니다. 나는 어떤 일이 있을 때마다 항상 자녀와 기도했습니다.

우리 아이들이 어린 시절 즐겁게 보던 TV 프로그램 중에 '독수리 오 형제'라는 만화가 있었습니다. 다섯 형제가 손을 맞잡으면 놀라운 힘이 생겨납니다. 당시 나는 그 이미지에 따라 함께 기도하자고 권했습니다. 어떤 일이든지 어려움이 있으면 네 식구가 손잡고 무릎을 꿇으며 기도했습니다. 이렇게 하자 파이디온의 첫 번째 공과를 만들 재정이 생겼습니다. 이사할 집을 얻을 돈이 없어 함께 손잡고 기도했는데, 4년이란 긴 시간 동안 강남의 아파트에서 살게 하셨습니다. 전세도 월세도 아닌 '은혜'로 말입니다! 그뿐만이 아닙니다. 함께 손잡고 기도했을 때 하나님은 우리 가족에게 가장 좋은 방법으로 유학을 할 수 있는 길을 열어주셨습니다. 미국에 도착하자마자 유학 비용을 도둑맞았는데, 함께 손잡고 기도했을 때 그 돈이 전부 돌아온 적도 있었습니다. 또 아이들이 한국에 귀국해 적응하는 데 어려움을 겪었는데도 모두 한국에 있는 대학에 들어가는 기쁨도 경험했습니다.

이렇게 나는 함께 손잡고 기도했을 때 일일이 열거할 수 없는 크고 작은 많은 기적을 경험했습니다. 가장 큰 기적은 나의 자녀뿐 아니라 손주도 그렇게 기도하며 살아가고 있다는 점입니다. 이것이 내가 자녀와 함께 기도하며 얻은 축복입니다.

함께 기도하겠다고 결심하십시오. '지금부터라도 나는 내 아내와 남편과 자녀, 내 동료들, 우리 교회 구역 식구들과 교회 지도자들과 함께 기도하리라!' 나는 당신에게 한 가지 새로운 습관이 생겼으면 좋겠습니다. "제가 기도해드려도 될까요?"라고 다른 사람들에게 말하는 것입니다. 이것은 절대 건방진 말이 아닙니다. 이 말은 합심 기도가 무엇인지 아는 진짜 크리스천이 하는 말입니다. 유창하게 기도하지 않아도 됩니다. 마음으로 그 사람의 문제를 내 문제처럼 끌어안고 하나님 앞에 같이 나아갈 때, 기도하는 당신이나 기도에 참여하는 그 사람이나 모두 살게 될 것입니다. 한번 소리 내어 연습해보십시오.

"제가 기도해드려도 될까요?"
"제가 기도해드려도 될까요?"
"제가 기도해드려도 될까요?"

10

이어받게

엘리가 대답하여 이르되 평안히 가라 이스라엘의 하나님이 네가 기도하여 구한 것을 허락하시기를 원하노라 하니 이르되 당신의 여종이 당신께 은혜 입기를 원하나이다 하고 가서 먹고 얼굴에 다시는 근심 빛이 없더라. **사무엘상 1:17-18**

짐승이든 사람이든 모든 동물은 자식에게 최고의 것, 최상의 것, 최선의 것을 주고 싶어 합니다. 자기 자녀가 불행해지는 꼴은 절대로 보지 않으려 합니다. 생명을 바쳐서라도 자녀를 보호하고 싶어 합니다.

  사람이 어리석으면 미련한 곰 같다고 합니다. 그러나 곰은 어떤 면에서는 사람보다 훨씬 지혜롭습니다. 곰이 새끼들을 훈련하는 동영상을 본 적이 있는데, 먹잇감을 사냥하는 법을 가르치는 장면이었습니다. 폭포 위로 뛰어오르는 연어를 낚아채는 법을 가르치는 것 같았습니다. 새끼들은 폭포 밑으로 떨어질까 봐 겁에 질려 떨고 있었습니다. 그런데 어미는 그 두려움에 개의치 않고 새끼들을 물속으로 데리고 들어갑니다. 새끼들이 보는 앞에서 튀어 오르는 연어를 힘들게 잡습니다. 그러나 그렇게 공들여 잡은 연어를 새끼 입에 넣어주지 않고 놓아버립니다. 고기를 잡았다 뱉어 놓아버리는 행동을 반복합니다. 어미는 배고파 죽겠는 새끼들을 조금도 생각하지 않는 것 같습니다. 어미 곰이 왜 그렇게 했을까요? 새끼들이 스스로 먹이를 잡는 법을 가르치기 위해서입니다. 새끼 곰들이 너무 배고프고 화가 나면, 그때부터 입을 벌리고 뛰어오르는 고기를 잡으려고 시도합니다. 그리고 마침내 어렵사리 사냥에 성공합니다. 어미 곰은 새끼에게 주는 최상의 선물이 무엇인지 정확히 알고 있는 것 같았습니다. 새끼에게 맛있는 고기를 배불리 먹여 주는 것이 아니라 자기 힘으로 먹이를 구할 수 있는 능력을 키울 수 있도록 돕는 것입니다. 어미 곰은 그렇게 함으로써 새끼들을 한평생 자신을 지키고 채울 수 있는 곰으로 세워준 것입니다.

　이 점에서 인간은 곰보다 미련합니다. 세상 사람들은 자녀에게 가장 좋은 것을 주려고 안달이 나 있습니다. 축구, 수영, 태권도, 악기… 온갖 것을 다 가르치려 합니다. 다른 아이들보다 앞서야 한다는 생각에 조기 교육을 시킵니다. 군인인 아들을 돌보려고 부대 앞에 방을 얻었다는 엄마들 이야기가 보도된 적이 있습니다. 또 사법 고시에 합격해서 연수원에 들어간 검사 후보생의 엄마가 연수원 원장에게 부탁해 자기 아들에게 창이 있는 좋은 방을 달라고 했다는 사례도 방송에서 보았습니다. 이것을 보면, 인간이 곰보다 나은 것 같지 않습니다. 자녀를 생각해서 하는 일들이 자녀 스스로는 결정도 못 내리고 먹고살 수도 없게 하는 의존적 인생을 살게 만듭니다. 자녀를 사랑한다는 명분으로 부모가 없으면 삶을 지탱할 수조차 없게 가르치는 것은 참으로 미련한 짓입니다.

　우리 크리스천들은 세상에 살지만 세상 사람이 아닙니다. 우리는 제3인종입니다. 제1인종은 에덴동산에서 하나님이 지으신 인간이라면 제2인종은 하나님을 버리고 나를 하나님으로 삼고 사는 타락한 인류입니다. 예수님 덕분에 새 생명을 얻은 제3인종으로서 우리는 2인종이 사는 모습과 다른 삶을 살아야 합니다. 그들과 같은 목표와 원리, 동기로 자녀를 키운다면 하나님의 일을 방해하는 하나님 나라의 적대자로 사는 것이나 마찬가지입니다. 당신이 정말 제3인종으로서 가장 좋은 삶을 자녀에게 물려주기 원한다면, 그들 손에 '이것'을 들려주십시오. 이것이 없다면 당신이 아이들에게 물려주어서 평생 남들보다 앞선 인생을 살 수 있을 것으로 기대했던 모든 것이 아무 도움이 안 될 것입니다. 어떤 지식이나 기술을 조기 교육하기 전에 아이들의 손에 붙잡게 해주어야 할 것이 있습니다. '이것'은 바로 기도입니다. 기도를 물려주지 않는다면 우리 아이들을 평생 고통당하는 삶으로 내모는 것입니다.

여기서 부산까지 걸어간다고 생각해보십시오. 생각만 해도 끔찍합니다. 그런데 자동차를 타고 간다고 생각해보십시오. 아주 편할 것입니다. 부산까지 편안하게 갈 수 있는 자동차가 있는데도 그 차 열쇠를 자녀에게 주지 않는다면 어떻겠습니까? 아이들은 먼 길을 고생하고 위험을 무릅쓰며 힘든 도보 여행을 해야 할 것입니다. 아이들이 어렸을 때부터 기도하는 법을 가르쳐주지 않는다면, 우리는 그들에게 고통스러운 삶을 안겨주는 것이나 다름없습니다. 우리는 백 년만 살다 죽을 사람들이 아닙니다. 죽음 이후에도 영원히 삽니다. 당신이 천국에 갔을 때 이 땅에서 후손들이 겪는 일을 바라보며 가슴을 치지 않기 바란다면, 자녀에게 기도라는 유산을 꼭 물려주어야 합니다. 자녀와 후손이 기도를 이어받게 해야 합니다. 어떻게 그렇게 할 수 있을까요?

성경에 나오는 한 사람의 삶에서 그 답을 찾을 수 있습니다. 이 사람은 어머니의 기도 때문에 잉태되어 어린 시절 기도 속에서 하나님을 만났습니다. 기도 속에서 장성한 이 사람은 기도로 민족의 어두움을 물리치고, 나라를 이끌고 쇄신했으며, 기도로 이스라엘의 새 역사를 펼쳤습니다. 이 사람의 이름은 사무엘입니다. 사무엘의 생애에서 기도를 제외한다면 그의 인생에 아무것도 기록할 것이 남지 않습니다.

어떻게 해야 우리 자녀에게 기도를 물려줄 수 있을까요? 세 개의 단어를 마음에 심어주고 싶습니다. 사실 이 단어 세 개는 세 단계라고 보는 편이 더 정확합니다.

모본 단계

첫째, 모본 단계입니다. 자녀가 당신에게서 기도의 열쇠를 확실하게 이어받게 할 첫 번째 일은 당신이 기도하는 모습을 보여주는 것입니다. 기도는 말이나 책, 동영상으로는 가르칠 수 없습니다. 믿음이 그러하듯이 기도는 가르치는(taught) 것이 아니라 붙잡히는(caught) 것입니다. 부모가 자녀에게 기도하는 모습을 보여주는 것은 위선이나 외식이 아닙니다. 그러므로 부모는 기도할 때 안방 문을 잠그고 비밀스럽게 기도하지 말고, 방문을 열어놓고 소리 내어 기도해야 합니다. 아이들이 부모를 찾다가 부모가 기도하며 하나님을 만나는 놀라운 장면을 볼 수 있어야 합니다.

어느 날 어린이 사역자인 내게 큰 격려가 되는 메시지를 카톡으로 하나 받았습니다. 어린 외손녀 둘이 자리에서 일어나 손잡고 기도하는 사진이었습니다. 네 살밖에 안 된 큰아이가 돌이 겨우 지난 동생을 앉혀놓고 소위 기상 축복을 해주고 있는 장면을 딸이 찍어 보내준 것입니다. 머리에 까치집을 지은 두 녀석이 손을 잡고 나름 진지하고 '거룩하게' 기도하는 모습을 보며 내 눈시울이 뜨거웠습니다. 그 아이들이 그렇게 하는 것을 어디서 배웠을까요? 누구도 그렇게 하라고 가르친 적은 없었습니다. 그러나 분명히 부모가 그렇게 하는 것을 보았을 것입니다. 이렇듯 기도는 가르치는 것이 아니라 붙잡히는 것이 분명합니다. 아이가 무엇이라고 기도했는지는 중요하지 않습니다. 중요한 점은 아이들이 부모의 모본을 보고 기도를 배우기 시작했다는 것입니다. 당신이 자녀에게 아무리 좋은 환경을 조성해주었다 해도 기도하는 모습을 한 번도 보여준 적이 없다면, 당신은 가장 중요하고 좋은 복은 아이들에게 주지 못한 것입니다.

참여 단계

둘째, 참여 단계입니다. 아이들이 직접 기도할 수 있게 해야 합니다.

그래서 끊임없이 물어야 합니다. "내가 기도해줄까?" 당신 자녀를 위해 기도해주십시오. 가장 큰 복을 주는 것입니다. 아이들이 씨름하는 당면한 문제를 놓고 기도해주어야 합니다. 그러나 더 절박하게 아이들이 하나님을 기쁘게 해드리는 사람이 되고, 세상을 축복하는 하나님의 목적을 이룰 그릇으로 빚어지도록 기도해주어야 합니다. 크리스천 정치가, 크리스천 예술가, 크리스천 선수가 되라고 기도하지 말고, 정치, 예술, 스포츠 등 각 분야에서 하나님과 세상을 섬기는 크리스천으로 살아가도록 축복해주어야 합니다. 또 한 살이라도 더 어릴 때 예수님을 만나고 사랑하며 그분을 닮으며 자라가도록, 그분의 향기로 살아가도록 기도해주어야 합니다. 얼마나 기도할 제목이 많고 큽니까? 자녀를 위해 기도하십시오.

그러나 아이들을 위해 기도해주는 것만으로는 부족합니다. 아이들이 당신과 함께 기도할 수 있게 해야 합니다. 아이들 입으로 스스로 자기 삶의 문제를 기도로 엮어갈 수 있을 때 그 아이는 비로소 독립된 믿음을 갖게 됩니다. 대학생이 되어도 자기 입으로 기도 한마디 못 한다면, 영적인 지진아나 장애아가 되도록 방치하는 것이나 마찬가지입니다.

베틀을 생각해보십시오. 우리가 입는 옷을 만들고자 사용하는 천은 모두 날줄과 씨줄로 짜입니다. 세로줄이 날줄이며, 날줄은 천의 뼈에 해당합니다. 이 날줄에 가로줄인 씨줄을 엮어 천을 짭니다. 씨줄은 뼈에 붙은 힘줄이나 살에 해당합니다. 이것을 기도에 적용해봅시다. 기도는 날줄입니까? 씨줄에 해당합니까? 매우 불행하게도 한국의 많은 부모가 아이의 삶을 날줄로 생각하고, 기도를 씨줄로 생각합니다. 좋은 유치원에 들어가 좋은 학교에서 배정되고, 좋은 선생님을 만나며, 좋은 성적을 얻고 좋은 대학에 들어가며 좋은 직장을 얻고…. 이것을 날줄로 삼아 삶이 잘 풀리도록만 기도하는 것입니다. 그러나 이런 기도는 성경에 맞는 기도가 아닙니다. 반대로 해야 합니다. 기도라는 날줄에 아이들의 삶이라는 씨줄을 엮어야 하나님을 기쁘게 해드리고 세상을 축복하는 하나님의 사람으로 아이의 삶을 직조할 수 있습니다. 우리 아이들을 언제까지 부모의 신앙에 의존하는 사람으로만 두겠습니까? 한 살이라도 더 어릴 때 자신의 믿음으로, 자신의 입으로 드리는 기도로 자기 삶을 하나님과 엮어갈 줄 아는 사람으로 세워야 합니다. 그러려면 부모는 자녀와 함께 기도해야 합니다. 자녀가 당신에게 무슨 말이든 하는 것처럼 자기 믿음으로 하나님 아버지께 그렇게 할 수 있도록 그들을 기도로 세워주어야 합니다.

체화 단계

마지막은 체화 단계입니다. 아이들이 기도를 완전히 자기 것으로 만들 수 있도록 돕는 것입니다. 체화라는 단어를 사전에서 찾아보면 직접 경험함으로 지식이나 기술을 자기 것이 되게 한다는 의미가 있습니다. 잠언 22장 6절에 이런 말씀이 나옵니다. "마땅히 행할 길을 아이에게 가르치라 그리하면 늙어도 그것을 떠나지 아니하리라."

마땅히 행할 것을 가르치라고 하는데, 그 행할 것 중에서도 가장 근본은 기도로 사는 것입니다. 여기 사용된 '가르치다'라는 히브리어는 신생아의 입맛을 길들일 때 사용하는 단어입니다. 갓 태어난 아기는 한 번도 입으로 음식을 먹어본 적이 없습니다. 탯줄로 엄마의 양분을 공급받았기 때문입니다. 히브리 산파는 아기를 받은 다음 대추야자 삶은 물을 손가락에 묻혀 입천장과 혓바닥을 마사지해줍니다. 그러면 아이는 그때야 난생처음으로 자기 입으로 빠는 일을 시작합니다. 그 단맛이 엄마의 젖 맛으로 이어져 젖을 물리면 아이가 젖을 빨게 되는 것입니다.

어린 시절에 생긴 입맛은 평생 입맛이 되는 것 같습니다. 그래서 나는 한우보다 두부를 먹을 때 더 행복합니다. 누가 나를 그렇게 만들었을까요? 민족 동란 직후 태어나 어려운 시절을 보낸 내 나이 또래 사람이 대부분 그럴 테지만, 나는 어렸을 때 고기를 먹어본 기억이 별로 없습니다. 아마도 가난한 그 시절 누구나 그랬을 것입니다. 내가 가장 많이 먹었던 음식은 콩나물국, 된장국, 콩자반, 콩밥, 청국장이었습니다. 이 음식의 공통 재료는 콩입니다. 그래서 나는 지금까지도 콩으로 된 요리를 가장 좋아합니다.

우리 아이들이 어린 시절에 기도의 맛을 배우지 못하면, 한평생 기도의 맛을 모르는 사람으로 살게 될 것입니다. 기도의 맛을 모르면 제힘으로 힘들고 고통스러운 인생을 살아야 합니다. 이미 허락된 엄청난 자산이 있는데, 그것을 내려받아 자기 자산으로 쓸 수 있는 기도라는 통로가 있는데, 왜 기도를 가르쳐주지 않고 자기 힘으로 살아갈 체력을 키워주려고 그 고생을 합니까?

어린아이 입맛에 기도 맛을 들이는 세 가지 요령을 공유하겠습니다. 나는 내 아이를 이렇게 키웠고, 이제는 손주들이 그렇게 자랄 수 있도록 돕고 있습니다. 내가 직접 경험한 세 가지 방법이 당신에게 도움이 되기를 바랍니다.

첫째, 기도 노트를 사용하는 것입니다. 아이들이 쓸 기도 노트를 마련해줄 때 고 3까지 쓸 수 있도록 두툼한 수첩을 마련합니다. 그리고 기도 제목이 생길 때마다 거기에 쓰고 응답을 받으면 빨간색으로 표시하게 합니다. 훗날 이 노트의 첫 페이지부터 마지막 페이지까지 보면 하나님의 손을 보는 눈이 열리게 될 것입니다. 마치 영적 활동사진을 보는 것과 같습니다.

둘째, 기적의 상자를 꼭 마련하십시오. 집에 오래도록 둘 수 있는 소중하고 보배로운 상자를 마련합니다. 그러고는 살아가면서 하나님께 기도하고 응답받은 증거들을 거기 넣습니다. 하나님의 특별한 개입이나 간섭, 보호하심이 있었다면 그 증거들을 버리지 말고 거기에 보관해야 합니다. 훗날 그것은 믿음이 약해졌을 때 자녀가 다시 하나님께 돌이키도록 돕는 영적 박물관이 될 것입니다. 이스라엘 백성이 요단강을 건널 때, 하나님은 요단강 강바닥에서 큼직한 돌 12개를 메고 나와 그것을 길갈에 쌓게 하셨습니다. 왜 그렇게 하셨습니까? 하나님이 그분의 능력으로 요단강을 갈라지게 하셔서, 백성이 요단강을 두 발로 건넜다는 것을 기억하기 위해서입니다. 당신의 삶에는 당신이 무성의하게 버린 많은 하나님의 지문(指紋)이 있습니다. 그 지문들을 모아야 합니다. 그리고 추수감사절 가정 예배 때나 아이의 생일에 1년 동안 아이의 삶에 하나님이 어떻게 개입하셨는지를 나누어보십시오. 수집한 증거물들을 다 꺼내어 하나하나 되짚어가며 이야기해보십시오. 그 기적 상자를 통해 아이들은 하나님이 부모님의 하나님이실 뿐 아니라 자신의 하나님이시라고 확신하게 될 것입니다.

마지막으로 아이들이 당신의 기도를 이어받는 방법은 기도의 틀을 세우고 기도하도록 가르치는 것입니다. 우리는 순간마다 자유로운 표현과 방식으로 기도할 수 있습니다. 그러나 기도가 정확하고 효과적으로 아이에게도 이어지게 하려면 틀이 필요합니다. 어떤 기술이나 지식을 전수하거나 공유하기 위해 반드시 틀이 필요한 것과 마찬가지입니다.

예수님은 제자들에게 '주기도문'이라는 기도의 뼈대를 주셨습니다. 그런데 아이들이 주기도문을 자기 것으로 적용하기에는 조금 어렵습니다. 그래서 나는 주기도문을 다섯 토막으로 잘라서 주기도문의 다섯 대목을 다음과 같은 다섯 기도로 사용하라고 권합니다. 나 역시 개인 기도를 할 때 많이 사용하는 방법이기도 한데, 하루에도 몇 번씩 새롭게 기도해야 할 상황이 닥칠 때마다 두 손을 모으고 이렇게 기도합니다.

(엄지) 하나님 아버지, 감사합니다.

(검지) 저와 함께해주세요.

(장지) 하나님께 기쁨이 되고 세상에 복이 되게 해주세요.

(약지) 이 일을 할 수 있도록 은혜를 주세요.

(애지) 예수님 이름으로 기도합니다.

'하나님 아버지, 감사합니다'는 주기도문의 "하늘에 계신 우리 아버지여 이름이 거룩히 여김을 받으시오며"에 해당합니다. 이것은 하나님과 나의 관계를 선언하는 것입니다. 내 아버지 되신 하나님께 찬양과 감사를 드리는 것입니다. 또 하나님 앞에서 내 기도의 자세를 바로잡는 것입니다.

'저와 함께해주세요'는 주기도문의 "나라가 임하시오며"에 해당합니다. 왕이신 주님이 나와 동행하시며 나를 다스려달라고, 주님께 의지할 수 있도록 간구하는 것입니다.

'하나님께 기쁨이 되고 세상에 복이 되게 해주세요'는 주기도문의 "뜻이 하늘에서 이루어진 것같이 땅에서도 이루어지이다"에 해당합니다. 이는 나의 목표와 동기를 말합니다. 하나님께는 영광이 되고 세상에 복이 되는 것이 우리가 이 땅에 존재하는 이유입니다.

'이 일을 할 수 있도록 은혜를 주세요'는 주기도문의 "오늘 우리에게 일용할 양식을 주시옵고 우리가 우리에게 죄 지은 자를 사하여 준 것같이 우리 죄를 사하여 주시옵고 우리를 시험에 들게 하지 마시옵고 다만 악에서 구하시옵소서"에 해당합니다. 하나님의 영광과 세상에 축복이 되는 일은 절대 우리 힘으로 할 수 없습니다. 우리는 자주 실패하고 유혹을 받습니다. 그래서 필요한 모든 것을 공급해달라고 주님께 호소하는 것입니다.

'예수님의 이름으로 기도합니다'는 주기도문의 "나라와 권세와 영광이 아버지께 영원히 있사옵나이다"에 해당합니다. 내 기도의 근거와 목적, 확신을 말합니다.

이렇듯 기도의 틀은 분명합니다. 그러므로 당신이 아이들과 함께 기도할 때 그냥 떠오르는 말로 기도하지 않도록 주의해야 합니다. 기도를 유창하게 한다고 해서 아이들이 당신의 기도를 이어받는 것이 아닙니다. 자신이 스스로 기도를 구성하고 흐름을 알 수 있도록 틀에 따라 기도하십시오. 이렇게 주어진 틀에 따라 내용을 풍성하게 채워 기도하다 보면 자연스럽게 아이들 안으로 기도가 스며들게 될 것입니다.

사무엘은 기도 중에 태어나 자라나고 하나님을 만났습니다. 그는 기도로 혼탁한 나라에 혁신을 일으켰습니다. 그리고 기도로 나라를 지키고 이끌었습니다. 당신의 자녀가 그렇게 하나님과 사람들에게 존귀한 인생을 살기 바란다면 온갖 과목을 조기 교육하는 것보다 더 먼저 가르쳐야 할 것이 있음을 잊지 말아야 합니다.

11

감사함으로

아무것도 염려하지 말고 다만 모든 일에 기도와 간구로, 너희 구할 것을 감사함으로 하나님께 아뢰라. **빌립보서 4:6**

기도를 계속하고 기도에 감사함으로 깨어 있으라. **골로새서 4:2**

건강을 유지하고 살아가기 위해서는 자세가 발라야 합니다. 바른 자세는 척추가 바로 서 있다는 것을 의미합니다. 그래서 우리 때는 어려서부터 "자세 바로!"라는 말을 많이 듣고 자랐습니다. 척추가 바로 서야 척추에 매달린 뼈들이 제자리에 있게 되고, 뼈가 제자리에 있을 때 뼈에 매달려 있는 장기들이 제대로 기능하는 것입니다.

그러면 우리 삶을 건강하게 유지하는 척추는 무엇일까요? 그것은 태도입니다. 태도는 능력보다 훨씬 중요합니다. 심지어 태도는 성품보다도 더 중요합니다. 모든 관계는 태도 때문에 어그러지거나 회복됩니다. 태도 때문에 직장 생활이 지옥이 될 수도 있고 천국의 지점인 가정이 지옥 지점으로 바뀔 수도 있습니다. 모든 관계를 바로 세우는 것은 태도입니다. 특별히 모든 것 중에 감사하는 태도가 첫째로 중요합니다.

우리는 부모님의 은혜를 늘 기억해야 합니다. 부모님이 영광스럽게 생각하는 첫 번째 선물은 안마 의자나 용돈이 두둑이 든 봉투가 아닙니다. 그것은 감사하는 마음입니다. 감사가 없으면 우리가 드리는 어떤 선물도 부모님에게 별 위로나 기쁨이 되지 못할 것입니다.

하늘 아버지와의 관계에서도 마찬가지입니다. 하나님 아버지가 기뻐하실 가장 중요한 우리의 태도가 있다면 그것은 감사입니다. 그러므로 감사가 우리 기도의 첫째가는 요소가 되어야 합니다. 또 하나님이 기뻐하시고 잘 들어주시는 기도의 특징도 감사입니다. 어떻게든 하나님을 구슬리고 설득하며 그분의 입장이 난처해질 정도로 떼를 써서 내가 원하는 것을 받아내는 것은 이방인이나 하는 기도이지 우리가 기도하는 목적이 아닙니다. 모든 것을 후히 주시는 고마운 하나님과의 교제가 그 목적이 되어야 합니다. 그러므로 모든 기도가 우리에게 유익하지 않습니다. 하나님께 좋은 것을 받고도 우리 자신은 파멸할 수 있습니다.

그런 일은 충분히 일어날 수 있습니다. 하나님께 기도해서 건강을 받았는데 그 건강 때문에 인생을 망가뜨린 경우가 얼마나 많습니까? 하나님께 구해서 받은 재물 때문에 가정, 관계와 믿음을 잃어버린 경우는 또 얼마나 많습니까? 우리 죄성 때문에 하나님께 선물을 받고도 그것으로 자기 인생을 탕진하게 될 수도 있습니다.

원하는 바를 하나님께 구해서 받았는데, 그것 때문에 인생이 망가지는 잘못된 기도의 원리는 무엇일까요? 바로 감사 없이 기도하는 것입니다.

성경에 그런 이야기가 많이 나옵니다. 특별히 민수기 11장 이야기가 대표적입니다. 광야를 통과하던 이스라엘 백성은 언제나 원망과 불평을 먼저 늘어놓았습니다. 그들은 그러면 안 됐습니다. 그들이 누리는 삶은 절대 당연하거나 자연스러운 것이 아니었습니다. 그들은 하나님의 은혜로 이집트의 노예 생활에서 벗어나고, 홍해를 육지처럼 건넜으며, 광야에서 기적처럼 물을 공급받고, 하나님이 주시는 만나는 먹고 굶어 죽지 않을 수 있었습니다. 이 모든 기적을 생각할 때 그들이 주님께 제일 먼저 아뢰었어야 할 말은 무엇입니까? "하나님, 감사합니다"입니다. 그러나 그들은 그렇게 하지 않았습니다. 언제나 불평부터 쏟아냈습니다. "힘들어 죽겠다." "목말라 죽겠다." "이럴 거면 광야에서 죽는 것보다는 차라리 이집트에서 죽는 게 더 나았겠다."

광야에서 그들이 늘어놓은 또 다른 불평을 보십시오. "매끼 만나, 매일 만나, 매달 만나…. 사람이 어떻게 만나만 먹고 살아요? 만나만 먹으면서 어떻게 이 힘든 행군을 계속할 수 있겠어요? 지겨워요. 고기 먹고 싶은데…." 이들은 고기 때문에 마음이 상했습니다. 그래서 하나님은 그들에게 메추라기를 보내주셔서 물리도록 고기를 먹을 수 있게 해주셨습니다. 그들은 30일 동안 이에서 고기 썩은 내가 나도록 고기를 먹었습니다. 그러나 원하는 것을 받았지만, 그들은 광야에 쓰러져 죽고 말았습니다. 시편 106편 15절에 이런 말씀이 나옵니다.

"주님께서는 그들이 요구한 것을 주셨지만, 그 영혼을 파리하게 하셨습니다"(시 106:15, 새번역). 입에 고기는 그득했지만 그 심령은 말라 비틀어졌고, 많은 사람이 병에 걸려 죽었습니다.

위대한 하나님의 사람들이 드리는 기도의 특징은 그 기도가 감사에 절여져 있었다는 것입니다. 다니엘을 생각해보십시오. 다니엘은 평생을 기도로 살았습니다. 정적들이 어떤 트집을 잡아서라도 다니엘을 끌어내리려고 뒷조사를 했지만 아무 흠도 찾아낼 수 없었습니다. 아무리 털어도 먼지가 나지 않자 그들이 다니엘을 얽어맬 방법은 '기도 덫'을 놓는 것뿐이었습니다. 30일 동안 왕 외의 존재에게 기도하는 자는 사자 굴에 던진다는 말도 안 되는 법을 만들었습니다. 공포된 제국의 법이 절대 취소될 리 없다는 사실을 알고도 다니엘은 이렇게 기도합니다.

> "다니엘이 이 조서에 왕의 도장이 찍힌 것을 알고도 자기 집에 돌아가서는 윗방에 올라가 예루살렘으로 향한 창문을 열고 전에 하던 대로 하루 세 번씩 무릎을 꿇고 기도하며 그의 하나님께 감사하였더라"(단 6:10).

이때가 감사할 상황입니까? "하나님, 날 죽이려고 작정하셨습니까?" 원망과 불평, 두려움과 걱정과 염려가 넘쳐야 할 지경에 그는 감사로 가득한 기도를 하나님께 드리고 있습니다. 하나님은 다니엘을 통해 큰 영광을 거두셨습니다. 사자 굴에 던져진 그가 털끝 하나 다치지 않은 것은 물론, 그 대적들이 사자 밥으로 던져졌습니다. 이 모든 일을 목격한 황제의 간증을 들어보십시오.

"이에 다리오 왕이 온 땅에 있는 모든 백성과 나라들과 언어가 다른 모든 사람들에게 조서를 내려 이르되 원하건대 너희에게 큰 평강이 있을지어다 내가 이제 조서를 내리노라 내 나라 관할 아래에 있는 사람들은 다 다니엘의 하나님 앞에서 떨며 두려워할지니 그는 살아 계시는 하나님이시요 영원히 변하지 않으실 이시며 그의 나라는 멸망하지 아니할 것이요 그의 권세는 무궁할 것이며 그는 구원도 하시며 건져내기도 하시며 하늘에서든지 땅에서든지 이적과 기사를 행하시는 이로서 다니엘을 구원하여 사자의 입에서 벗어나게 하셨음이라 하였더라"(단 6:25-27).

바울은 어떻습니까? 바울이 감옥에 갇혀 있었습니다. 거기에서 그는 감옥 바깥에 있는 성도들에게 편지를 보냅니다. 수감자가 바깥에 있는 사람에게 쓴 편지라면 읽어보지 않아도 어떤 내용이 적혀 있을지 짐작이 갑니다. 바울의 편지도 그랬을까요? "이 감옥은 너무 눅눅하고 춥습니다. 내가 왜 이런 고난을 겪어야 하는지 모르겠습니다. 내가 석방되도록 조처를 해주고 간절히 기도해주기 바랍니다." 그러나 이런 내용이 아니었습니다. 서글프거나 서운한 감정을 표현하는 말은 단 한 군데도 없었습니다. 사도 바울이 드린 모든 기도 그러했듯, 모든 편지는 감사에 절어 있었습니다. 그는 풍부한 감사로 성도들을 위해 기도하고 있습니다.

"기도에 힘을 쓰십시오. 감사하는 마음으로 기도하면서, 깨어 있으십시오"(골 4:2, 새번역).

예수님도 마찬가지였습니다. 성경에 예수님이 하신 기도가 많이 나오는데 그것의 대부분은 감사입니다. 예수님은 오병이어의 조악한 음식을 들고도 하나님께 감사하셨습니다. 나사로의 무덤 앞에서도 하나님께 감사하셨습니다. 또 바리새인과 서기관과 같이 당대의 똑똑하고 잘난 지도자들이 자신을 믿지 않았을 때 순수하게 예수님을 믿었던 어린아이 같은 제자들 때문에도 하나님께 감사 기도를 드리셨습니다.

왜 성령님은 이런 구절을 성경에 기록되게 하셨을까요? 하나님의 기대 때문입니다. "너희가 나를 위해 기도할 때 바른 태도로 기도했으면 좋겠구나. 예의 바른 태도로 드리는 기도였으면 좋겠구나. 매너를 좀 배웠으면 좋겠구나." 기도의 예의, 매너는 무엇입니까? 하나님께 나오는 기도자의 성숙한 예절이 무엇입니까? 감사함으로 기도하는 것입니다.

왜 그래야 합니까? 왜 우리가 감사로 기도하면 하나님이 기뻐하며 받아주십니까? 세 가지 이유를 말씀드리려고 합니다.

기도의 질

첫째, 기도 자체가 엄청나게 달라집니다. 기도가 감사에 절여 있는 것은 마치 기계에 윤활유가 충분하게 묻어 있는 것과 같습니다. 기름이 말라붙은 자전거를 타본 적이 있습니까? 혹은 기름이 말라붙은 재봉틀을 작동시켜본 적이 있습니까? 소리는 요란하고 일은 안 되며 억지로 작동하면 얼마 가지 않아 기계가 망가집니다. 그래서 우리는 종종 기계 부품에 기름을 쳐줍니다. 감사가 없는 기도는 윤활유가 말라붙은 기계처럼 빡빡하고 무거우며 삐걱거립니다. 자꾸 멈춰 섭니다.

요령을 가르쳐 드리겠습니다. 기도하려고 마음을 가다듬고 몇 마디를 하고 나면 할 말이 없어서 궁색합니까? 걱정하지 마십시오. 무조건 감사하십시오. 그다음 무슨 말을 할지 고민하지 말고, 과거와 현재 주신 은혜 그리고 앞으로 주실 은혜에 대해 감사하십시오. 감사한 일이 더 떠오르지 않거든 다른 감사할 일이 생각날 때까지 계속 '하나님 감사합니다'를 반복하십시오. 기도하려고 자세를 잡아보지만, 이런저런 잡념 때문에 마음이 혼란스럽더라도 감사를 이어가십시오. 과거에 베푸신 은혜를 하나하나 구체적으로 감사하십시오. 현재에 느끼는 하나님의 사랑을 더듬어가며 감사하십시오. 미래에 베푸실 거라고 약속하신 하나님의 복을 생각하며 감사하십시오. 당신과 내가 한마디 기도만 하고 죽어야 한다면 무슨 기도를 하겠습니까? '하나님 감사합니다.' 그것으로 충분합니다.

이 가장 중요한 기도의 요소를 우리가 놓치기 때문에 맥이 없고 빡빡하며 주저앉는 기도를 드리는 것입니다. 성경에 이런 말씀이 나옵니다. "사람이 하나님에게 바칠 제물은 감사하는 마음이요"(시 50:14,

공동번역). 우리가 하나님께 드릴 가장 중요한 예배, 가장 중요한 기도, 가장 중요한 찬미는 감사입니다.

기도자 자신

둘째, 감사에 절인 기도는 기도자에게도 엄청난 영향을 미칩니다. 그것은 용해제와 같은 일을 합니다. 싱크대나 하수구가 오래되면 물이 잘 내려가지 않습니다. 기름때가 바깥으로 나가지 않은 채 음식물이나 머리카락이 엉켜 물길을 막고 있기 때문입니다. 쑤셔서 뚫을 수도 없는 하수 파이프의 찌꺼기들은 어떻게 해야 합니까? 그것을 녹이는 용해제를 사용해야 합니다. 이 화학 물질을 넣으면 기름이 분해되어 찌꺼기들을 배출할 수 있습니다.

우리는 흔히 감사하는 태도로 하나님께 기도하지 않습니다. "하나님, 저한테 왜 이러시는 거예요?" "하나님, 제가 뭘 그렇게 크게 잘못했나요?" "하나님 해도 해도 너무하시는 거 아니에요?" "제가 이 지경까지 되었는데 응답이 없으시네요." 원망과 불평, 불안과 두려움으로 기도가 양념 되어 있습니다.

이것은 하나님을 멸시하는 무례한 행위입니다. 그런데 사실 그런 태도는 사람을 대할 때도 무례한 것입니다. 누군가에게 부탁할 일이 생겼을 때 "내놔!" "해줘!" 그렇게 말합니까? 친구한테 가서 부탁하더라도 얼마나 정중한 태도로 말합니까? 그동안 친구가 얼마나 큰 힘이 되었는지 감사하는 이야기를 한 다음에 돈을 빌려달라고 하든지 도와달라고 하지 않습니까? 그렇다면 하나님 앞에 나올 때는 더 감사하는 태도를 보여야 하지 않겠습니까? 감사함으로 기도하지 않으면 기도 전이나 후나 달라지지 않을 것입니다. 불안한 상태에서 기도했습니다. 기도할 때도 계속 불안하고 염려하며 의심하고 야속함을 느낍니다. 그리고 기도가 끝나면 다시 그런 감정을 보따리에서 싸서 가져갑니다. 왜 이런 일을 반복합니까? 감사가 없기 때문입니다. 기도를 해봤자 달라지지 않는 이유는 무엇입니까? 감사가 없기 때문입니다. 감사는 우리 의심과 절망을 녹여 소망으로 바꾸고, 나에게 집중된 눈을 하나님의 능력과 은혜로 향하게 하는 용해제 역할을 합니다. 그러므로 기도를 감사에 푹 절이십시오. 김치 담글 때 배추를 소금에 푹 절이듯이 우리 기도가 감사로 절여질 때 염려와 불안, 공포와 원망에서 벗어날 수 있습니다. 감사하는 기도는 당신이 원하는 것을 받기 전에 당신 자신을 치료하는 용해제가 됩니다.

하나님의 기쁨

마지막으로 감사는 기도를 받으시는 하나님께 양념과 같은 역할을 합니다. 하나님이 기뻐하시고 하나님이 맛있어하실 것 같은 기도는 감사로 양념이 된 기도입니다. 성경은 말합니다.

"항상 기뻐하라 쉬지 말고 기도하라 범사에 감사하라 이것이 그리스도 예수 안에서 너희를 향하신 하나님의 뜻이니라"(살전 5:16-18).

항상 기뻐하는 것, 쉬지 말고 기도하는 것, 범사에 감사하는 것은 우리를 향한 하나님의 바람이자 소원이고 기대입니다. 양념이 안 들어간 요리를 먹을 수 있습니까? 그럴 수 없습니다. 또 잘못된 양념이 들어간 것도 먹기 어렵습니다. 생선회를 마요네즈에 찍어 먹고, 김치를 담글 때 케첩으로 속을 버무리면 어떤 일이 벌어지겠습니까? 우리 기도에 절대로 어울릴 수 없는 양념이 있다면 원망과 불평, 아쉬움과 안타까움과 두려움입니다. 감사에 우리 기도를 버무릴 때 하나님은 그 기도를 기뻐하십니다.

당신 자녀가 당신에게 와서 "엄마, 낳아준 것밖에 해준 게 뭐 있어? 이것도 안 해주고 저것도 안 사주고!" 그러면 그다음에 이어지는 요구 사항에 즐겁고 기쁜 마음으로 응답하고 싶습니까? 아닙니다. 들어주고 싶은 입맛이 사라집니다. 아무리 내 자식이지만 불평하며 요구할 때 정이 떨어집니다. 이렇게 우리가 하나님께 나아갈 때는 빚진 자의 태도로 나와야지 빚을 준 자의 태도로 나와서는 안 됩니다.

이제 이 장을 마무리하면서 광야의 이스라엘 백성이 이렇게 기도했다면 어땠을까 하고 상상을 해봅니다. 민수기 11장 4-6절에 기록된 이스라엘이 실제로 했던 기도는 이것입니다. 편의상 이것을 1번 기도라 하겠습니다. 하나님이 1번 기도를 듣고 어떤 느낌이 드셨을지 생각해보십시오.

"하나님, 우리를 죽이려고 작정하신 거예요? 차라리 이집트에서 죽이지 그러셨어요? 이게 뭡니까, 이게. 뙤약볕 밑에. 물이 있어요? 밥이 있어요? 이 옷이랑 신발이 떨어지면 어떻게 하실 거예요? 사람이 이렇게 많은데 대책이 있으신 거예요? 우리는 고기 없이는 못 살아요. 고기를 안 먹고 어떻게 이 광야를 행군해요? 기운이 다 떨어져서 쓰러지고 말 거라고요. 제발 고기 좀 주시라고요."

이제 2번 기도를 들어보십시오. 역시 하나님이 어떻게 느끼셨을지 생각해보십시오.

"하나님, 감사해요. 이집트에서 우리는 소망이 없었어요. 이집트 사람들의 노예로 살면서 평생 그들의 뒤치다꺼리만 했을 거예요. 그런 우리를 해방해주셔서 감사해요. 홍해를 건너게 해주신 것도 감사해요. 이것만 해도 감사하지만, 또 하나님의 영광을 보여주셔서 감사해요. 여기서 죽어도 황송할 것 같아요. 그리고 물도 주셔서 감사해요. 이 바위에서는 도저히 물이 나오지 않을 것 같았는데, 하나님이 주셨네요. 만나를 주셔서 굶지 않게 해주신 것도 감사해요. 그저께도, 어제도, 오늘도 먹었고 다음 주와 다음 달도 먹을 수 있을 것 같아요. 그런데 하나님, 이왕 주실 때 간간이 고기도 좀 주시면 안 될까요?"

아무리 삶이 어렵고 힘들고, 어디로 가야 할지 길이 보이지 않으며, 죽고 사는 데 무슨 차이가 있는지도 모른다 해도 무조건 감사하십시오. 내일 죽더라도 오늘 살아 있음에 감사하고, 내일의 삶을 책임지실 아버지가 나를 보고 계신다는 것에 감사하십시오. 그분이 살아 계시는 한 나는 절대로 이렇게 끝나지 않는다는 소망에 감사하고 감사하십시오.

12

위하여

모세가 손을 들면 이스라엘이 이기고 손을 내리면 아말렉이 이기더니 모세의 팔이 피곤하매 그들이 돌을 가져다가 모세의 아래에 놓아 그가 그 위에 앉게 하고 아론과 훌이 한 사람은 이쪽에서, 한 사람은 저쪽에서 모세의 손을 붙들어 올렸더니 그 손이 해가 지도록 내려오지 아니한지라 여호수아가 칼날로 아말렉과 그 백성을 쳐서 무찌르니라. **출애굽기 17:11-13**

예수님의 제자로서 우리가 이 땅에 있는 이유는 무엇일까요? 우리는 아직 죽을 때가 되지 않아 이 땅을 살아가는 것이 아닙니다. 다른 말로 하면 우리는 죽지 못해 사는 존재가 아닙니다. 하나님이 천국 백성 된 우리를 천국으로 불러가지 않으시고 이 땅에 두신 이유는 두 가지 목적 때문입니다.

첫째, 하나님께 영광이 되게 하기 위해서입니다. 잘 닦인 거울이 햇빛을 잘 반사하듯이 우리는 하나님을 이 땅에 반사하는 증인으로서 이 땅에 파송되었습니다. 여호와의 증인이란 이단이 있습니다. 그러나 진정한 여호와의 증인은 우리입니다. 우리 삶 전체로 보이지 않는 하나님을 보이게 하고 들리지 않는 하나님을 들리게 하며, 실제로 계시는지 잘 모르는 하나님을 증거 합니다. 먹든지 마시든지, 무엇을 하든지 우리는 삶으로 하나님을 반사할 수 있습니다.

둘째, 세상에 축복이 되게 하기 위해서입니다. 십자가는 두 개의 축으로 이루어져 있습니다. 십자가의 세로축이 하나님의 영광이 되기 위한 것이라면, 십자가의 가로축은 세상에 축복이 되기 위한 것입니다. 하나님이 아브라함을 불러내신 이유는 그에게 복을 주어 그 복으로 그가 세상을 축복하게 하기 위해서입니다(창 12:1-3). 물론 이것은 예수님을 통해 세상에 미칠 구원의 복을 의미합니다. 예수님을 모신 당신과 나는 언제 어디서 누구와 무슨 일을 하든 세상에 복이 되어야 합니다. 그것이 하나님이 우리를 이 땅에 두신 이유입니다. 우리가 복이 되면 우리를 통해 복의 근원인 예수님께로 사람들의 눈길이 이끌리기 때문입니다. 그러나 이 하나님의 원대한 목적과 계획을 발목 잡는 우리 내부의 원수가 있습니다. 그 원수는 바로 '못 해 신앙'입니다.

'못 해 신앙'은 우리 성도에게 가장 많은 영적 병증 중 하나입니다. 이 표어의 핵심은 '못 한다'는 것입니다. 이것이 없어서 못 하고, 저것이 안 돼서 못 하며, 이래저래 할 수 있는 것이 없습니다. 많은 성도가 돈이 있어야 축복을 받았다고 생각합니다. 또 건강하지 않으면 기뻐하지 못합니다. 그리고 성공해야 하나님께 영광을 돌릴 수 있다고 생각하기도 합니다. 자신은 가진 게 없고 상황도 여의치 않기 때문에 하나님이 명령하신 것을 할 수 없다는 것입니다. 그렇지 않습니다. 돈이나 힘, 젊음이나 지식이 없어도 우리는 세상을 축복하고 변화시킬 수 있습니다. 왜냐하면 중보기도(仲保祈禱)라는 자산이 있기 때문입니다.

중보기도란 '누군가를 위하여 기도한다'는 뜻입니다. 그런데 이 중보기도라는 말을 듣는 순간 우리 속에서 '못 해'가 기어 나옵니다. '다른 사람을 위해 기도할 수 없어. 나 자신을 위해서 기도하기도 어러운데 어떻게 다른 사람을 위해서 기도해?' 그러나 중보기도는 성도의 선택 과목이 아닙니다. 중보를 하기 싫어한다면 우리가 이 땅에 있어야 할 이유를 스스로 버리는 것이나 마찬가지입니다. 정말 하나님께 영광이 되고 세상에 축복이 되기를 원한다면 우리가 해야 할 첫 번째 일은 어떤 사람이나 일을 위해 기도하는 것입니다.

이것이 왜 필수 과목일까요? 왜 자신의 생명처럼 누군가를 위해 기도해주어야 합니까? 그것은 우리가 이 땅에 왕 같은 제사장으로 (벧전 2:9) 남겨졌기 때문입니다. 제사장은 다리를 놓는 사람이라는 뜻입니다. 라틴어로 제사장을 폰티펙스(*pontifex*)라고 하는데 '폰티'라는 말은 다리이고 '펙스'는 만든다는 뜻입니다. 그래서 제사장은 만날 수 없는 어떤 것 사이에 다리를 놓는 사람을 뜻합니다. 그런데 그 앞에 '왕 같은'이라는 형용사가 붙어 있습니다. 즉 왕과 세상 사이를 연결하는 다리 역할을 한다는 뜻입니다. 그래서 왕 같은 제사장인 우리가 해야 할 첫 번째 일은 중보입니다. 누군가를 위하여 기도하는 것입니다. 왜 중보기도를 우리 생명처럼 소중하게 여겨야 하는지 네 가지 이유를 말씀드리겠습니다.

우리의 영광

첫째, 중보기도는 성도가 이 땅에서 누릴 영광이기 때문에 그렇습니다. 중보기도는 우리의 책임이 아닙니다. 우리의 숙제가 아닙니다.

중보기도는 우리의 특권이자, 영광입니다. 왜 그럴까요? 중보는 아무나 하는 것이 아니기 때문입니다. 진정한 중보자는 딱 한 분뿐입니다. 하나님과 우리 인간 사이에 중보자로 설 수 있는 사람은 딱 한 분 예수님뿐입니다. 그 예수님이 우리의 중보자이십니다. 오늘날 예수님이 하시는 일 중에 가장 중요한 일은 중보하시는 일입니다. 예수님은 승천하신 이후 그 육체로 지금까지 천상에 계시면서 가장 중요한 일을 하고 계십니다. 로마서 8장 34절을 보십시오. "죽으실 뿐 아니라 다시 살아나신 이는 그리스도 예수시니 그는 하나님 우편에 계신 자요 우리를 위하여 간구하시는 자시니라." 겟세마네 동산에서 하셨던 그 기도대로 예수님은 지금도 우리를 위해 중보하고 계십니다. 갈팡질팡 하루에도 수없이 넘어질 수밖에 없는 연약한 우리가 믿음으로 서고 걷도록 붙드는 힘은 예수님의 중보의 힘입니다. 예수님은 영으로는 우리 안에 살아 계십니다. 그 예수님의 영이신 성령님은 우리 안에서 무슨 일을 하십니까? 중보하십니다. 로마서 8장 26-27절에 그것이 분명히 나와 있습니다.

"이와 같이 성령도 우리의 연약함을 도우시나니 우리는 마땅히 기도할 바를 알지 못하나 오직 성령이 말할 수 없는 탄식으로 우리를 위하여 친히 간구하시느니라 마음을 살피시는 이가 성령의 생각을 아시나니 이는 성령이 하나님의 뜻대로 성도를 위하여 간구하심이니라."

중보란 예수님의 사역에 참여하는 일입니다. 어떤 신학자는 이 말을 사용해서는 안 된다고 주장합니다. 만약 우리가 하나님과 기도의 대상 사이에 있다고 주장한다면 '내가 예수'라고 말하는 것과 같기 때문에 엄밀하게 이야기하면 우리는 중보기도자가 아니라는 것입니다. 그렇다면 우리가 서 있는 위치는 어디입니까? 우리는 하나님과 기도의 대상 사이에 계신 예수님 편에 있습니다. 그러므로 중보기도를 한다는 말은 진정한 중보자이신 예수님이 하시는 일에 동참한다는 의미가 됩니다. 내 중보 때문에 어떤 사람의 운명이 달라졌다고 생각하는 것은 옳지 않습니다. 그리고 예수님의 편에서 중보기도를 하는 것은 우리에게 큰 영광이 됩니다. 우리가 예수님의 중보기도 파트너가 된 것과 같기 때문입니다.

군대 용어로 설명하자면, 예수님이 중보의 사수이시고 우리는 조수인 셈입니다. 조수인 우리는 그분이 원하시는 기도 제목을 두고, 그분이 원하시는 시각에서 그분의 입장과 생각을 헤아려 중보 대상을 위해 기도해야 합니다. "예수님 저리 비키세요. 제가 이 사람을 더 잘 알아요." 이런 식으로 사수 노릇을 하며 주님의 뜻과 상관없이 기도하는 것은 옳지 않습니다. 또 주님 뜻에 상관없이 기도해놓고서 '내가 이렇게까지 기도했는데 하나님이 안 들으시나?' 하면서 서운해하는 것도 옳은 태도가 아닙니다. 예수님만큼 그 사람을 사랑할 사람이 있을까요? 예수님만큼 그 사람을 향한 완전한 계획을 세운 사람이 있을까요? 예수님만큼 그 사람을 위한 계획이 무엇인지, 무엇이 그 사람에게 최선인지 판단을 내릴 수 있는 사람이 이 땅에 있을까요? 아무도 없습니다. 그러므로 예수님의 놀라운 계획이 그의 인생에 임하길 기도해야 합니다.

빚 갚기

둘째, 중보기도는 성도로서 진 빚을 갚는 일입니다. 앞서 말했듯이 우리는 하늘의 두 중보자, 예수님과 성령님께 중보의 빚을 지고 있습니다. 그리고 알지도 못하는 이 땅 누군가의 중보 덕분에 이 자리에 있습니다. 내가 이 자리에 있기까지 부모님, 목회자, 친구가 눈물로 기도해주었을 것입니다. 누군가 기도해주었기에 우리가 지금 이렇게 믿음의 대열에 서서 걸을 수 있는 것입니다. 누군가가 보이지 않는 기도의 손으로 붙들고 있기 때문에 우리가 서 있을 수 있는 것입니다. 그것을 잊어버리는 순간부터 우리는 교만해집니다. 내 힘으로 섰다고 착각하게 됩니다. 우리는 이런 찬송을 즐겨 부릅니다.

> 마음이 지쳐서 기도할 수 없고 눈물이 빗물처럼 흘러내릴 때
> 주님은 우리 연약함을 아시고 사랑으로 인도하시네.
> 당신이 지쳐서 찬송할 수 없고 눈물이 빗물처럼 흘러내릴 때
> 주님은 우리 상한 마음을 아시고 사랑으로 인도하시네.
> 누군가 널 위하여, 누군가 기도하네.
> 네가 홀로 외로워서 마음이 무너질 때 누군가 널 위해 기도하네.

우리는 빚진 사람들입니다. 그 빚을 갚아야 합니다. 왜 우리 부모님이 날 위해 기도하는 것은 당연하고 내가 내 자녀를 위해 기도하는 것은 당연하지 않습니까?

1950년 이 나라 민족 동란이 일어나고 비참해졌을 때 외국에 사는 수많은 크리스천이 우리를 위해 기도해주었습니다. 그 기도 덕분에 오늘날 우리가 이렇게 살 수 있습니다. 그런 우리가 시리아 난민이나 북한의 지하 성도들을 위해 기도합니까? 우리가 얼마나 이기적인지 알 수 없습니다. 당신이나 나나 지금은 괜찮은 척, 멀쩡한 척하고 앉아 있지만 사실은 다 깨진 사람들입니다. 정직하게 내 삶의 아픔, 내가 살아온 삶의 상처를 꺼내놓고 이야기한다면 우리는 서로 얼싸안고 울어야 할 만큼 많은 아픔과 고통을 작은 가슴 안에 간직한 깨진 인간들입니다. 그런데 깨진 사람들이 어떻게 이렇게 멀쩡하게 살아 있습니까? 다 누군가 중보해준 덕분입니다.

보통 그릇이 깨지면 그것을 버립니다. 특히 흙으로 빚은 도자기 그릇은 수선이나 재활용이 되지 않습니다. 그러나 일본에서는 깨진 도자기를 버리지 않습니다. 그 깨진 조각들을 붙이고 금으로 입혀 새로운 예술품을 만들어냅니다. 그것을 킨츠기[Kintsugi, The Art of Broken Pieces(Golden Joinery)] 도자기라고 부릅니다. '킨'이라는 말은 금이라는 뜻이고 '츠기'는 깁는다는 뜻이랍니다. 깨진 조각들을 다시 붙였을 때 상처로 남은 깨진 자국들을 생각해보십시오. 도자기를 아무 짝에도 쓸데없는 쓰레기로 만든 상처 자국이 장인의 손에서 붙여지고 금으로 입혀질 때 그것은 영광스러운 작품을 만드는 예술가의 재료가 될 것입니다.

깨진 당신과 나를 예수님이 그분의 피와 중보로 지금도 계속해서 보듬고 계십니다. 우리의 죄와 실패, 실수와 아픔과 고통 그리고 나누고 싶지도 않은 어린 시절의 상처들…. 누군가의 중보로 그 모든 상처가 단단히 붙고, 우리를 킨츠기처럼 가치 있는 존재로 세워주는 것입니다. 중보기도를 하지 않는 이유는 기도를 할 줄 몰라서가 아니라 빚을 졌다는 사실을 모르기 때문입니다. 유치부 아이도 엄마나 아빠를 위해 기도할 줄 압니다. 당신의 기도 주머니에는 몇 사람이나 들어 있습니까? 그 숫자는 당신의 영적 성숙도를 가늠하는 척도 중 하나입니다.

최대의 섬김

셋째, 우리가 중보기도를 해야 할 이유는 그것이 성도를 최대한으로 섬기는 방법이기 때문입니다. 돈이나 힘이 없고, 된 것이 없어도 우리는 중보기도로 누군가를 섬길 수 있습니다.

2백만이 가까운 이스라엘 백성이 이집트에서 나와 행진하고 있었습니다. 아마도 이렇게 많은 사람이 함께 행진할 때 노인과 어린아이, 병든 사람과 장애인이 무리에서 뒤처졌을 것입니다. 아말렉 부족이 뒤에서부터 추격하며 이스라엘 사람을 죽이기 시작했습니다. 그러자 모세는 아말렉과의 전쟁을 선포합니다. 그리고 여호수아에게 명령합니다. "너는 칼을 들고 그들에게 가서 싸워라. 나는 산 위에 올라가서 하나님께 기도하겠다." 전장(戰場)이 내려다보이는 산 위에 올라가서 모세는 중보의 손을 들었습니다. 그러자 놀라운 일이 벌어졌습니다. 모세가 손을 들면 이스라엘이 이기고 손을 내리면 아말렉이 이기는 희한한 현상이 반복된 것입니다. 그것을 알아챈 아론과 훌은 팔이 아파 더는 손을 올릴 수 없는 모세를 앉히고는 양쪽에 서서 그의 팔을 붙들었습니다. 온종일 그의 팔이 내려오지 못하도록 붙들자, 이스라엘이 그 전쟁에서 승리하게 되었습니다. 아론과 훌이 그랬듯이 우리는 예수님의 중보의 자리에 동참해야 합니다. 사랑하는 사람을 위해 당신이 가장 먼저 담당해야 할 일은 중보기도입니다. 우리는 필요가 있는 사람과 그 필요에 답을 주실 수 있는 예수님을 연결하는 사람이기 때문입니다.

또 중보기도를 할 때 잊지 말아야 할 점 한 가지는 '껍데기 기도'만 하지 말아야 한다는 점입니다. "하나님, 우리 조카가 이번에 꼭 좋은 대학 들어가게 도와주세요. 이번에 우리 남편이 꼭 승진하게 도와주세요." 이런 기도가 항상 쓸모없다고 혹은 질 낮은 기도라고 말하려는 것은 아닙니다. 그러나 그것이 껍데기 기도인 것만은 분명합니다. 백 년도 못 사는 짧은 인생을 도와달라고 기도해주는 것만이 진짜 그를 사랑하는 기도가 아니기 때문입니다. 바울은 성도들을 위해 기도할 때 그 사람의 일이 아닌, 그 사람을 위해 기도했습니다.

"우리 주 예수 그리스도의 하나님, 영광의 아버지께서 지혜와 계시의 영을 너희에게 주사 하나님을 알게 하시고 너희 마음의 눈을 밝히사 그의 부르심의 소망이 무엇이며 성도 안에서 그 기업의 영광의 풍성함이 무엇이며 그의 힘의 위력으로 역사하심을 따라 믿는 우리에게 베푸신 능력의 지극히 크심이 어떠한 것을 너희로 알게 하시기를 구하노라"(엡 1:17-19).

"내가 기도하노라 너희 사랑을 지식과 모든 총명으로 점점 더 풍성하게 하사 너희로 지극히 선한 것을 분별하며 또 진실하여 허물없이 그리스도의 날까지 이르고 예수 그리스도로 말미암아 의의 열매가 가득하여 하나님의 영광과 찬송이 되기를 원하노라"(빌 1:9-11).

당신이 누군가를 위해 기도할 때 그 사람의 영적 복지를 위해 기도하십시오. 예수님이 바라보는 시각으로, 어떤 사건을 통해 그 사람이 예수님을 더 알아가고 닮아가도록 기도해주십시오. 또 그 사건을 통해 그 사람이 예수님 안에 있는 충만함 가운데 날마다 그분의 열매를 이 땅에 보이도록 기도해주십시오.

이런 차원에서 그 사람이 간구하는 제목을 들고 주 앞에 나아가야 합니다. 아픈 사람이 있다면, 단순히 육체의 회복을 위해서만 기도하는 것이 아니라 그가 회복되어 하나님을 영화롭게 하고 세상에 복이 될 수 있도록 기도해주십시오. 하나님의 계획과 목적이 있기에 그가 그런 문제와 씨름하는 것입니다. 심지어 고난을 겪는 그 상황이 하나님이 그를 위해 놀라운 작업을 하고 계시는 공사 현장일 수 있습니다. 그러므로 섣불리 하나님의 작업장에 뛰어들어 고난을 허락하신 하나님을 비난하고 그렇게 하지 마시라며 기도해서는 안 됩니다. 이 주제는 15장에서 좀 더 자세히 다루도록 하겠습니다.

성도의 장비

마지막으로 중보기도는 성도의 제일가는 장비입니다. 돈이나 힘이 없어도 우리는 세상을 바꿀 수 있습니다. 기도로 가정과 직장, 우리 이웃과 사회와 우리나라까지도 바꿀 수 있습니다. 아브라함은 기도로 롯을 구했습니다. 모세는 중보로 하나님이 없애버리겠다고 하신 민족을 살렸습니다. 또 예레미야는 중보로 황폐한 유다 땅에 회복의 소망이 움트게 했습니다.

그러면 어떻게 중보해야 될까요? 이렇게 해보십시오. 양손을 모으고 다섯 손가락을 붙여보십시오. 당신이 중보해야 할 사람들의 부류를 기억하기 쉽습니다.

내 몸에 가장 가까운 손가락은 엄지입니다. 가장 먼저 나와 제일 가까이 있는 사람을 위해 기도합니다. 그들이 누구겠습니까? 나의 배우자, 자녀, 부모님, 시댁 식구, 친구, 내가 아끼는 사람들이 아니겠습니까? 그들을 위해 기도하는 것입니다.

검지는 무엇인가를 가리키는 데 씁니다. 두 번째로는 가르치는 사람들을 위해 기도해야 합니다. 목사님, 교수님, 학교 선생님을 위해 기도하십시오. 또 주일학교 선생님과 선교사님을 위해서도 기도하십시오.

장지는 가장 긴 손가락입니다. 세 번째로는 지도자들을 위해 기도해야 합니다. 지위가 높다는 것은 책임이 높고 큼을 뜻합니다. 대통령이 바른 정책을 겸손하게 펴나가기 위해서는 기도가 필요합니다. 그가 잘못 판단하면 나라 전체가 고통을 당하고, 몇 십 년이고 퇴보하게 됩니다. 또한 정치 지도자뿐 아니라 당신의 회사 회장님과 사장님과 직장 상사, 교회 지도자들을 위해서도 기도하십시오.

네 번째 손가락은 약하다고 해서 약지라고 불립니다. 네 번째로 약한 사람들을 위해 기도하십시오. 육체나 정신이 약한 사람들, 사회적 약자를 위해 기도하십시오.

애지는 약속할 때 사용합니다. 다섯 번째로는 구원받아야 할 사람들 이름을 부르며 기도해야 합니다. 하나님이 구원을 약속하는 손을 내미시는데, 아직도 망설이고 있는 미래의 신자를 기억하며 기도하십시오. 하나님은 누구든지 아들 예수 그리스도를 믿기만 하면 하나님의 자녀가 된다고(요 1:12) 약속하셨습니다. 아직도 마음을 열지 못하는 가족, 한동안 다녔던 교회를 끊고 하나님으로부터 마음이 멀어진 친구들, 교회에 겨우겨우 나오지만 예수님을 인격적으로 만나지 못한 사람 등 우리가 기도해주어야 할 사람이 주변에 많습니다. 그렇게 기도할 때 당신은 세상을 바꾸고 있는 것입니다.

이제 이야기를 정리해야겠습니다. 중보기도는 다른 비유로 말하면 공중 엄호와 같습니다. 전쟁할 때 탱크와 박격포, 보병만으로는 이길 수 없습니다. 이 그라운드 커버(ground cover)로는 절대 이길 수 없습니다. 그래서 소위 에어 커버(air cover), 공중 지원 폭격이 필요합니다. 비행기로 강력한 진지를 부숴주어야 지상군이 성공적으로 진격을 해나갈 수 있습니다. 중보기도자는 지상군이 아닙니다. 중보기도자는 공중 엄호군입니다. 우리가 누군가를 위해 기도할 때 그 사람은 승리를 향해 전진할 수 있습니다. 돈이나 시간이나 힘이 없어도, 누군가를 축복할 이 막강한 도구는 당신에게 있습니다. 그것을 소유나 보관만 하지 말고 사용하기 바랍니다.

예수님만큼 그 사람을 위한 계획이 무엇인지
아는 사람이 이 땅에 있을까요?
아무도 없습니다.
그러므로 예수님의 놀라운 계획이
그의 인생에 임하길 기도해야 합니다.

13

구체적으로

예수께서 말씀하여 이르시되 네게 무엇을 하여 주기를 원하느냐 맹인이 이르되 선생님이여 보기를 원하나이다 예수께서 이르시되 가라 네 믿음이 너를 구원하였느니라 하시니 그가 곧 보게 되어 예수를 길에서 따르니라. **마가복음 10:51-52**

나는 9남매 중 일곱 번째로 태어났습니다. 참 서러운 서열로 태어난 것입니다. 왜입니까? 여러 갈래 시냇물이 흘러 강으로 모이듯이 우리 집안의 모든 궂은일과 잔심부름이 다 내게로 흘러오는 위치에 태어났기 때문입니다. 부모님이나 형, 누나들은 뭐만 필요하면 나를 불렀습니다.

"야, 먹을 것 좀 가져와라." 그러면 나는 묻습니다. "뭘?" 먹을 것을 가져다주는 일은 여간 힘든 것이 아니었습니다. 그다음에 이어지는 말은 나를 더 힘들게 했습니다. "아무거나!" 아무것이라니?

고구마를 꺼내오라는 말인지, 달걀을 삶아다 달라는 말인지, 무엇을 가져다 달라는 건지 알 수가 없었습니다. 마음에 안 드는 것을 가져다주면 그렇게 생각이 없냐고 또 핀잔을 먹습니다. 서열 낮은 동생의 비애입니다. 나를 황당하게 하는 것은 먹을 것뿐만이 아닙니다.

"야야, 빨리 쓸 것 좀 갖고 와."

그러면 나는 생각합니다. '쓸 게 뭐지? 종이를 갖다 달라는 거야? 펜을 갖다 달라는 거야? 펜이라면 연필이야, 볼펜이야, 만년필이야?

종이를 원한다면 노트를 달라는 거야? 한 장짜리 종이를 달라는 거야? 큰 거를 달라는 거야? 작은 거 달라는 거야?' 작은 것을 갖다 주면 왜 이렇게 쪼잔하냐고 야단맞고, 큰 것을 가져다주면 왜 그렇게 종이 아까운 줄 모르냐고 또 야단을 맞았습니다.

그런데 그것으로 끝나는 줄 알았는데 결혼을 하자 또 그 황당한 이야기는 이어집니다. 내 아내가 부탁합니다. "퇴근할 때 두부 좀 사오세요." 나는 기꺼이 사다 주리라 마음먹고 슈퍼에 갑니다. 문제는 내가 선택해야 할 두부가 너무 많다는 것이었습니다. 우선 수량부터 헷갈립니다. '두부 좀'이 한 개인지? 두 개인지? 한 모가 두 개가 붙은 직사각형 한 모인지? 가로 세로가 똑같은 정사각형 한 모인지? 그리고 두부는 한 종류가 아닙니다. 부침용 두부와 찌개용 두부, 순두부가 다 따로 있습니다. 흰 두부냐 검은콩 두부냐, 국산콩 두부냐 수입콩 두부냐를 놓고 씨름해야 합니다. 게다가 두부 상표는 또 얼마나 많은지 그 앞에서 한참을 고민합니다. '과연 아내가 원하는 게 무엇일까?'

아마 이것이 우리 기도의 가장 일반적인 문제가 아닐까 싶습니다. 우리 기도는 너무 막연하고 너무 포괄적입니다. 쉬운 말로 하면 우리는 자주 도매 처리하듯 기도합니다.

"죄지은 거 있으면 다 용서해주세요. 주님."

주님이 물으실 겁니다. "무엇을?"

"별로 생각나는 건 없는데 그냥 죄지은 거 있으면 용서해달라고요."

이것은 기도가 아닙니다.

"하나님, 도와주세요. 제발 도와주세요."
"뭐를?"
"그냥요. 뭐든지요."

이것도 기도가 아닙니다.

자녀가 당신에게 와서 다짜고짜 말한다고 생각해보십시오. "사주세요." "뭐를?" "아무거나요." 그건 부탁이 아닙니다. 그것은 엄마 아빠의 마음이나 능력, 사랑을 무시하는 행위입니다. 크든 작든 구체적인 자기 이유로 나올 때 그것은 단지 사주고 안 사주고의 문제가 아닙니다. 자녀와의 정과 교제가 이어지느냐 끊어지느냐의 문제입니다.

바디매오는 이렇게 간구했습니다. "다윗의 자손 예수여 나를 불쌍히 여기소서."

얼마나 좋은 기도입니까? 바디매오는 예수님이 자기 눈을 뜨게 하실 수 있는 하나님이라는 사실도 믿었고, 눈을 뜨게 해주실 능력과 사랑이 있었다는 점도 알고 있었습니다. 그런데 예수님은 누구라도 이상하게 생각할 질문을 하십니다.

"내가 너에게 무엇을 해주기를 원하느냐?"

어린아이도 시각 장애인이 불쌍히 여겨달라면, 그것이 무엇을 뜻하는지 압니다. 그런데 왜 예수님은 모르는 척하시며 '내가 뭘 해주길 원하느냐'고 물으셨을까요?

우리 예수님은 당신과 나에게 "도맷값으로 기도하지 마라. 소맷값으로 기도해라. 특정한 것을 구체적으로, 네가 원하는 바로 그것을 정확하게 집어 기도해라"라고 말씀하시는 것입니다. "내가 너에게 무엇을 해주기를 원하느냐?" 그렇게 예수님이 물으실 때 바디매오는 대답합니다.

"선생님, 보게 해주세요."

오늘 우리가 배워야 할 기초적이고 단순한 기도 원리 중 하나는 구체적으로 기도하라는 것입니다. 낱낱이, 일일이, 특정 지어 기도해야지 그냥 일반적이거나 포괄적이거나 퉁 치듯 도맷값으로 기도하지 말라는 것입니다. 왜 그래야 할까요? 두 가지 이유를 말씀드리겠습니다.

기도의 성장

하나는 그래야 내가 하는 기도가 자라기 때문입니다. 일일이 낱낱이 기도해야 우리 기도가 자라게 되어 있습니다. 우리 기도가 성장하지 않는 이유는 너무 막연하고 포괄적으로 기도하기 때문입니다. 사냥꾼이 사냥할 때 숲에 대고 총을 마구 쏘아댄다면 한 마리도 못 잡을 것입니다. 총알만 낭비하는 꼴입니다. 사냥꾼은 정확히 잡고자 하는 사냥감에 따라 총알을 장전하는 법입니다. 참새나 비둘기 같은 것을 잡으려면 산탄이나 탄두가 없고 탄피 안에 좁쌀만 한 납덩이가 가득 들어 있는 총알을 집어넣습니다. 날아다니거나 무리 지어 다니는 것을 맞추기 위해서입니다. 그러나 노루나 산돼지를 잡기 원한다면 산탄 총알로는 잡지 못합니다. 쏘면 심장에 박혀서 뒤가 손바닥만큼이나 헤벌어질 직격탄을 장전해야 합니다. 그 직격탄을 집어넣고 목표로 삼은 사냥감이 나오기까지 기다리다가, 그것이 나타나면 정확하게 겨냥하고 방아쇠를 당겨야 합니다. 그럴 때 원하는 사냥감을 잡을 수 있습니다.

바른 기도란 그런 것입니다. 겨냥하는 타깃이 분명합니다. 그리고 이렇게 목표가 분명한 기도를 하나님은 기뻐하십니다. 왜냐하면 나의 문제와 한계, 주제와 연약함을 분명히 인식하고 고백하는 것이기 때문에 그렇습니다. 일일이 낱낱이 구체적으로 기도하는 것은 예수님이 어떤 기도라도 들으실 능력이 있다는 점을 인정하고 신뢰하는 것입니다. 또한 예수님이 내가 드리는 작은 기도를 멸시하지 않으시는 사랑의 주님이라는 사실을 고백하는 행위이기도 합니다.

"지난 주간에 응답받으신 기도가 있습니까?" 많은 성도가 이런 질문에 당혹스러워합니다.

아무리 생각해도 응답받은 것이 떠오르지 않기 때문입니다. 그 이유가 무엇입니까? 막연하게 기도했기 때문입니다. 구체적으로 기도해야 '예' 혹은 '아직 응답을 못 받았어요'라고 대답할 수 있습니다.

또 구체적으로 기도해야 내 기도가 응답받았는지 여부를 알 수 있지 않겠습니까? 그래야 기도의 맛도 알고, 기쁨도 누리며, 기도하면서 느끼는 긴장과 보람을 경험하며 더 성숙한 기도를 하게 됩니다.

1988년 12월 5일 나는 유학길에 올랐습니다. 우리 두 아이는 내 옆에서 너무나 신나고 행복해합니다. 처음 비행기를 탔으니 얼마나 좋겠습니까? 미국 생활에 대한 설렘과 환상에 마냥 즐거워했습니다. 그런데 내 마음에는 그런 설렘과 기쁨보다는 마음을 억누르는 부담이 가득했습니다. 가족과 함께 유학을 떠나는데 학비는 반도 안 채워졌고, 영어는 여전히 서툴렀으며, 아내나 아이들이 타지 생활에 잘 적응할 수 있을지, 기관지가 약한데 가래와 기침 때문에 고생하지는 않을지… 수많은 걱정이 앞선 것입니다. 그래서 종이 한 장을 꺼내놓고 기도 제목을 쭉 써 내려갔습니다. 앞에는 감사 기도 제목을, 그다음 내 마음을 누르는 염려와 간구할 내용 그리고 맨 밑에는 내가 중보해야 하는 사람들을 위한 기도 제목을 쭉 썼습니다. 비행 시간 절반이 넘도록 나는 그 종이를 놓고 기도했습니다.

그로부터 20년이 다 되어가는 어느 날, 우연히 이 종이를 꺼내 읽게 되었습니다. 그러고는 빨간 펜으로 응답된 기도 제목에 하나씩 표시하기 시작했습니다. 그런데 내 눈을 의심하지 않을 수가 없었습니다. 하나도 빼놓지 않고 다 응답되었기 때문입니다. 먼저 하나님은 나의 건강을 지켜주셨습니다. 미국에서 유학하다 수술을 하게 되거나 병원에 입원하면 아예 유학을 접고 돌아와야 합니다. 의료비가 너무 비싸기 때문입니다. 그런데 하나님이 6년 동안 건강을 지켜주

서서 내가 공부를 마칠 때까지 한 사람도 병원에 입원하지 않았습니다. 그뿐만 아니라 학비에 대한 기도도 풍성히 응답해주셨습니다. 6년 동안 접시 하나 안 닦고, 청소 한번 안 하고 공부에만 전념할 수 있도록 기가 막힌 방법으로 학비를 채워주셨습니다. 건강과 지혜도 주셨습니다. 무엇보다 영적으로 충만하게 지켜주셨습니다. 나의 유학 시기는 가장 힘들고 고통스러운 연단의 시간이 아닌 가장 풍성하고 가장 많은 도전과 격려를 받았던 시기였습니다.

구체적으로 기도해야 구체적으로 응답받고, 구체적으로 응답을 받으면 더 구체적인 기도를 할 수 있습니다. 그럴수록 기도의 맛을 알아 확신을 품고 더 풍성하게 기도하게 됩니다. 이것이 기도가 자라는 방법입니다.

반드시 몸에 익혀야 할 기도 습관 하나를 권하고 싶습니다. 기도 노트를 적으라는 것입니다. 기도할 필요가 있을 때마다 거기에 구체적으로 쓰고 기도합니다. 그 제목들이 응답되면 또 구체적으로 감사를 드립니다. '구체적으로'가 기도의 지혜입니다. 그래야 기도가 자랍니다. 기도의 맛을 아는 사람은 세상맛을 찾아 세상을 기웃거리지 않습니다. 기도의 맛을 배우는 가장 좋은 방법은 구체적으로 낱낱이 일일이 소맷값으로 기도하는 것입니다.

영적 성숙

둘째, 그렇게 구체적으로 기도해야만 기도하는 나 자신이 성장합니다. 도맷값으로 기도하는 사람의 영성은 깊어질 수가 없습니다. 도맷값 기도는 30초가 안 돼서 할 말이 바닥납니다. "하나님, 지켜주시고 도와주세요. 예수님 이름으로 기도합니다." 30초도 안 걸립니다. 그러나 30년 동안 계속한다 해도 그런 기도로는 하나님과 동행함을 느낄 수 없습니다. 소맷값 기도로만 하나님과의 정이 깊어집니다.

젊은 시절 당신의 배우자를 만났을 때를 생각해보십시오. 다른 수많은 남성이나 여성을 보듯 배우자를 보았다면 당신은 지금 그 사람과 살고 있지 않을 것입니다. 어느 날 당신의 시선이 일반이 아니고 특수한 대상에 구체적으로 꽂혔습니다. 그러고는 그 사람을 주목하여 쳐다보고 영양가 있는 눈으로 그를 관찰하기 시작했습니다. 그러다 두 사람의 그 시선이 마주칩니다. 옛 어른들은 그런 일을 '눈이 맞았다'고 표현했습니다. 그렇게 첫 데이트를 합니다. 만나서는 구체적인 이야기, 두 사람 사이에서만 통하는 특별한 대화를 나눕니다. 사실 그것이 영양가가 있는 대화든 품격 없는 대화든 그것은 그리 중요하지 않습니다. 그렇게 구체적인 대화를 한 덕에 서로 더 깊이 알게 되고, 정이 들었으며, 결혼에 이른 것입니다.

많은 크리스천이 하나님과 분명한 관계를 맺고는 있지만, 그분과 정 깊은 교제를 나누지는 못합니다. 가장 큰 이유는 너무 일반적인 기도를 하기 때문입니다. "용서해주시면 좋겠고, 안 해주시면 할 수 없어요. 도와주시면 감사하겠지만 안 도와주셔도 나름 대안을 세워 놓긴 했는데…." 이렇게 기도가 일반적이면 절대로 하나님과 정이 들지 않습니다. 자주 반복하지만, 가장 중요한 기도의 의미가 내가 원하는 것을 얻어내는 행위가 아닌 아버지와 교통하는 관계를 맺는 방법이기 때문에 그렇습니다.

하나님은 우리가 도맷값 기도를 하기 원하지 않으십니다. 왜 기뻐하지 않으실까요? 도맷값 기도를 하는 데는 세 가지 나쁜 태도가 숨어 있기 때문입니다. 첫째, 마음이나 의지나 갈망이 없습니다. 이런 영적 게으름 때문에 도맷값 기도를 하게 됩니다. '도와주시면 좋지만 안 도와주셔도 할 수 없고.' 그게 무슨 믿음입니까?

바디매오는 그렇게 하지 않았습니다. "다윗의 자손 예수여, 나를 불쌍히 여기소서." 불쌍히 여겨주면 좋고, 아니면 할 수 없다는 식의 영양가 없는 기도를 하지 않았습니다. 바디매오는 목이 쉬도록 소리를 질렀습니다. "다윗의 자손 예수여, 나를 불쌍히 여기소서." 주변에 섰던 사람들이 조용히 하라고 핀잔을 줄 정도로 버럭버럭 소리를 지르며 간절하게 기도했습니다. 이번 기회를 놓치면 끝이라는 절박한 심정으로, 예수님 외에는 다른 길이 없다는 마지막 소망으로 그분을 부른 것입니다. 하나님은 우리도 바디매오처럼 그런 절박한 기도를 하기 원하십니다.

또 한 가지 나쁜 기도의 태도는 이런 것입니다. "하나님, 세부적인 것까지는 간섭하지 마세요. 그건 제가 알아서 하겠습니다." 이것은 교만입니다. 가장 나쁜 것이 믿지 않으면서 하는 기도입니다. 자녀와 구체적으로 기도를 해야겠는데 만에 하나 기도 응답을 받지 못했을 때 아이들이 실망할 것이라는 두려움 때문에 일반적으로 기도하는 것입니다. 그러나 그것은 불신앙입니다. 하나님이 어떤 종류의 응답을 주실지는 그분의 권한에 속한 것입니다. 우리가 할 일은 구체적으로 구하는 것뿐입니다. 구체적으로 기도했다가 상처를 받고 체면이 구겨질까 봐 그렇게 하지 않는다면, 그것은 큰 불신앙입니다. 주님은 무엇이든지 기도하라고 하셨습니다.

> "믿음이 없이는 하나님을 기쁘시게 하지 못하나니 하나님께 나아가는 자는 반드시 그가 계신 것과 또한 그가 자기를 찾는 자들에게 상 주시는 이심을 믿어야 할지니라"(히 11:6).

하나님은 항상 최상의 것으로 우리 기도에 응답해주십니다. 그것을 믿고 기도해야 합니다. 그분이 최상의 것을 안 주셨을 때 어떻게 수습할지 염려됩니까? 아닙니다. 어떤 응답이 주어지든 그분이 주신 답은 최상입니다. 그 점은 다음 장에서 다루려고 합니다.

조지 뮬러라는 고아의 아버지가 있습니다. 만 명의 고아를 먹여 살렸는데 조지 뮬러는 고아의 아버지로 유명할 뿐 아니라 기도의 사람으로도 유명합니다. 생전에 5만 번의 기도 응답을 받았는데 그중 1만 번은 당일에 받았다고 합니다. 그가 살다 간 지가 근 100년 되었는데, 어떻게 5만 번 응답받았고 1만 번 당일 응답을 받았다고 말할 수 있을까요? 구체적인 기도 제목을 다 기록했기에 몇 번 응답받았는지를 안 것입니다. 구체적인 기도 제목과 그 응답을 기록으로 남기면 하나님이 우리 기도를 들으셨다는 개인적인 증거를 쌓아갈 수 있습니다. 그래서 구체적인 기도를 할수록 우리는 더욱 하나님의 사람으로 변모됩니다.

이제 이 장을 맺으면서 어느 선교사님의 이야기를 하고 싶습니다.*
그 선교사는 남태평양에 있는 한 섬에서 사역을 하고 있었는데, 2차 대전이 발발하여 그 섬에서 나올 수밖에 없었습니다. 철수하려고 화물선을 얻어 타긴 했는데 적군의 함포 사격이 너무 심해 배는 여러 섬 사이를 지그재그로 피해서 가고 있었습니다. 그런데 앞에 까만 작대기 하나가 바닷속에서 올라오는 것이 보였습니다. 그것은 적 잠수함의 잠망경이었습니다. 잠수함에서 어뢰 한 발만 발사하면 선교사가 탄 배는 바닷속으로 침몰할 수밖에 없었습니다. 그때를 회상하며 이 선교사는 그 상황 때문에 구체적으로 기도하는 법을 배웠다고 고백합니다. "주님, 잠수함 엔진 모터를 정지시켜주세요. 어뢰 발사 장치를 고장 나게 해주세요. 방향타를 깨뜨려주세요." 그 배에 탔다면 당신도 그렇게 기도하지 않았겠습니까?

구체적으로 감사하고 구체적으로 용서를 빌며, 구체적으로 중보하고 구체적으로 간구하십시오. 낱낱이 기도하십시오. 소맷값으로 기도하십시오. 그래야 내가 하는 기도가 자라고, 기도하는 내가 자랍니다.

---

*　Robert A. Cook, *In Step With God* (Christian Herald Association, 1978), p. 26.

14

내맡기고

성령이 아시아에서 말씀을 전하지 못하게 하시거늘 그들이 브루기아와 갈라디아 땅으로 다녀가 무시아 앞에 이르러 비두니아로 가고자 애쓰되 예수의 영이 허락하지 아니하시는지라 무시아를 지나 드로아로 내려갔는데 밤에 환상이 바울에게 보이니 마게도냐 사람 하나가 서서 그에게 청하여 이르되 마게도냐로 건너와서 우리를 도우라 하거늘 바울이 그 환상을 보았을 때 우리가 곧 마게도냐로 떠나기를 힘쓰니 이는 하나님이 저 사람들에게 복음을 전하라고 우리를 부르신 줄로 인정함이러라. **사도행전 16장 6-10절**

세상 사람들도 예수님은 거짓말하실 분이 아니라고 믿습니다. 그 예수님이 진실한 입으로 우리에게 이렇게 약속하셨습니다.

"내가 진실로 진실로 너희에게 이르노니 너희가 무엇이든지 아버지께 구하는 것을 내 이름으로 주시리라"(요 16:23).
"구하라 그리하면 너희에게 주실 것이요 찾으라 그리하면 찾아낼 것이요 문을 두드리라 그리하면 너희에게 열릴 것이니 구하는 이마다 받을 것이요 찾는 이는 찾아낼 것이요 두드리는 이에게는 열릴 것이니라"(마 7:7-8).

사람의 몸을 입으시기 훨씬 전에 이사야를 통해 예수님은 이렇게 약속하셨습니다.

"그들이 부르기 전에 내가 응답하겠고 그들이 말을 마치기 전에 내가 들을 것이며"(사 65:24).

잘 생각해보십시오. 그 약속대로 응답되었습니까? 당신이 기도한 것은 하나님이 다 들어주셨습니까? 그 약속은 성취되고 있습니까? 그렇지 못한 것 같습니다. 많은 크리스천이 기도를 접는 이유가 그것입니다. 기도를 해봤는데 하나님이 들어주지 않으셨다고 생각합니다. 그래서 기도로 의지하는 것보다 차라리 내가 열심히 내 삶을 경영하는 것이 속 편하다고 생각합니다. 속지 마십시오. 그것은 하나님과 당신 사이를 이간질하려는 사단의 속임수입니다.

하나님은 당신을 사랑하십니다. 그렇기 때문에 당신의 기도를 다 들으십니다. 사도 바울은 하나님의 사랑과 우리의 기도를 이렇게 엮어냈습니다. "자기 아들을 아끼지 아니하시고 우리 모든 사람을 위하여 내주신 이가 어찌 그 아들과 함께 모든 것을 우리에게 주시지 아니하겠느냐"(롬 8:32).

큰 소리로 하든 작은 소리로 하든 당신이 하는 기도는 하나님이 모두 들으십니다. 그분은 우리 말이 끝나기도 전에 다 들으십니다. 문제는 내가 원하는 것을 즉각적으로 들어주신 것만 응답으로 여긴다는 점입니다. 많은 크리스천이 기도를 들어주지 않으시는 것 같은 하나님께 서운한 마음을 품고 살아갑니다.

두 가지가 분명합니다. 첫째, 하나님은 당신의 기도를 다 들으십니다. 주님은 말씀하십니다. "귀를 지으신 이가 듣지 아니하시랴 눈을 만드신 이가 보지 아니하시랴"(시 94:9). 둘째, 하나님은 우리를 사랑하시기 때문에, 최상의 것으로만 우리에게 응답하기를 바라십니다. 그러나 하나님이 최상의 것으로 응답하신다는 믿음과 결과를 내맡기는 믿음이 없는 한 기도에 대한 실망을 극복할 방법이 없습니다. 하나님은 언제나 내가 원하는 대로만 주지는 않으십니다. 하나님은 다섯 가지 방식으로 우리의 기도에 응답하십니다.

안 돼! 절대 안 돼!

첫 번째 응답 방식은 '안 돼! 절대 안 돼!'입니다. 하나님은 탐욕과 죄, 불순종의 동기와 목적으로 구하는 것은 듣지 않으십니다. 요한과 야고보의 어머니가 치맛바람을 일으키며 예수님께 부탁합니다. "예수님, 왕의 자리에 오르실 때, 예수님 양쪽에 내 아들 요한과 야고보를 세워주십시오. 내 두 아들이 예수님 양쪽에 앉아서 나라를 다스리게 해주십시오." 예수님은 단호히 거절하셨습니다. 그 이야기를 곁에서 들은 제자들은 마음에 시기와 분노가 가득했습니다.

성경은 말합니다. "구하여도 받지 못함은 정욕으로 쓰려고 잘못 구하기 때문이라"(약 4:3). 시편 기자는 이렇게 고백했습니다. "내가 나의 마음에 죄악을 품었더라면 주께서 듣지 아니하시리라"(시 66:18).

모세가 어느 날 하나님 앞에 이렇게 기도했습니다. "구하옵나니 내게 은혜를 베푸사 즉시 나를 죽여 내가 고난당함을 내가 보지 않게 하옵소서"(민 11:15). 고기 타령을 하며 원망하는 이스라엘 백성을 보며 모세는 하나님께 자신을 죽여달라고 기도합니다. 모세의 말을 우리말로 다시 풀어보겠습니다. "이 백성이 내가 낳은 아이입니까? 도대체 언제까지 이들의 지긋지긋한 원망과 불평을 참으며 이들을 이끌어야 합니까? 차라리 나를 죽여주세요." 그때 하나님이 "오, 그래? 내가 너의 그 기도에 응답하마"라고 말씀하며 정말로 그렇게 하셨습니까? 그랬다면 당신과 나의 영적 운명은 어떻게 되었겠습니까?

완전히 소진된 엘리야도 로뎀나무 아래서 하나님께 죽기를 간구합니다. "여호와여 넉넉하오니 지금 내 생명을 거두시옵소서"(왕상 19:4). 하나님이 그렇게 응답하셨을까요? 그분은 예스로 응답하지 않으셨습니다.

믿음의 초기에 내가 했던 민망한 실수가 생각납니다. 첫사랑에 가슴의 열망은 충만했지만 영적 지식은 별로 없고 성숙하지 못할 때 나는 자주 내 몸을 팔았습니다. 대학 3학년 때, 전라남도 신안군의 한 섬에 가서도 그랬습니다. 복수가 차서 배가 큰 공처럼 나온 한 자매를 끌어안고 기도했습니다. "이 자매의 배와 내 배를 바꿔주십시오. 이 기적으로 섬사람들이 예수님의 영광을 보고 구원을 받는다면, 나는 이 섬에서 천국에 가겠습니다." 주님이 바꿔주셨을까요? 그랬다면 내가 지금 어떻게 이 글을 쓰고 있겠습니까? 눈도 여러 번 팔았습니다. 한 손은 눈이 나빠 실명 위기에 있는 자매 눈에, 다른 한 손은 내 눈에 대고 기도했습니다. "내 눈 하나를 이 자매의 눈과 바꿔주십시오." 하나님이 그렇게 해주셨을까요? 그렇게 해주지 않으셨습니다. 지금은 절대 그런 식으로 기도하지 않습니다. 당신도 그렇게 기도하면 안 됩니다. 실제로 그렇게 될까 봐 두려워서가 아닙니다. 내 몸과 생명은 내 것이 아니기에 내 맘대로 주고받거나 포기하거나 교환할 수 없기 때문입니다.

존 스토트 목사님은 "그 자체로 선하지 않은 것은 물론이거니와 직접 혹은 간접으로, 현재나 미래나, 나에게나 남에게나 좋지 않은 결과에 대해 하나님은 '예스'라고 응답하지 않으신다"라고 가르쳤습니다.* '안 돼! 절대 안 돼!'는 우리를 사랑하시는 하나님의 정확한 응답입니다.

안 돼! 널 사랑하기 때문에!

두 번째 응답 방식은 '안 돼! 나는 너를 너무너무 사랑한단다'입니다. 우리에 대한 가장 좋은 계획을 세워놓으신 하나님은 우리가 간절히 구하는 기도에 무조건 '그래!'라고 답하지 않으십니다. 사도 바울이 사역했을 때 얼마나 영적인 권세가 컸는지 그가 일할 때 쓰던 앞치마만 가져다가 병자에게 덮어도 병이 나았습니다. 그런데 정작 그는 가시 같은 육체의 질병으로 고통당하고 있었습니다. 가시로 표현한 그 질병이 무엇인지는 잘 모릅니다. 바울은 너무 고통스러워서 그 질병을 치료해달라고 세 번이나 간곡하게 기도했습니다. 주님은

---

* John R. W. Stott, *The Message of the Sermon on the Mount* (Inter-Varsity Press, 1985).

어떻게 응답하셨을까요? 매정하게 응답하셨습니다. '안 돼!'

> "내 은혜가 네게 족하도다 이는 내 능력이 약한 데서 온전하여
> 짐이라"(고후 12:9).

사도 바울은 기도 응답을 받지 못한 것을 도리어 크게 기뻐하며 자신의 연약함을 자랑스럽게 여기며 살았습니다.

엘리사는 굉장한 능력이 있는 사람이었습니다. 그는 죽은 사람을 살렸습니다(왕하 4:35). 엘리사가 죽었을 때 엘리사의 무덤에 사람 시체를 갖다 던졌는데 그 시체가 벌떡 일어날 정도였습니다(왕하 13:21). 그런 엘리사가 어떻게 죽었는지 아십니까? 병들어 죽었습니다. 엘리사가 얼마나 건강을 위해 기도했겠습니까? 그러나 하나님은 들어주지 않으셨습니다.

앞에서 조지 뮬러가 5만 번이나 기도 응답을 받았고, 만 번은 기도한 당일에 받은 응답이었다고 말했습니다. 고아 만 명을 먹이며 많은 기도 응답을 받은 그의 가정에 어떤 일이 일어났습니까? 자녀가 둘이나 사산아로 태어났습니다. 아내가 먼저 죽고, 돌이 지난 아들도 죽었습니다. 한 딸은 성년이 된 뒤에 죽었습니다. 그리고 두 번째 얻은 아내도 그보다 먼저 죽었습니다. 왜 하나님이 자신의 종인 조지 뮬러에게 그런 시련을 겪게 하셨을까요? 하나님의 깊은 경륜은 누구도 모릅니다.

하나님을 사랑하는 한 자매가 혼수상태에 빠졌을 때, 우리 교회

공동체는 한마음으로, 절박한 마음으로 기도했습니다. 나사로를 살리신 권능으로 자매를 살려주시기를 기대하며 기도했습니다. 그러나 하나님은 그 기도에 응답해주지 않으셨습니다. 그래서 우리는 그 자매를 천국으로 보냈습니다. 지금도 그 이름만 들으면 눈에 눈물이 고입니다. 하나님이 왜 그렇게 하셨는지는 누구도 모릅니다. 다만 분명히 아는 한 가지는, 하나님이 그 자매를 사랑하시고 자매에 대한 놀라운 계획을 갖고 계신다는 것입니다. 우리가 그 자매를 사랑한들 주님만큼 사랑하겠습니까? 자매에 대한 놀라운 계획을 꿈꾼들 하나님이 자매를 위해 세우신 계획보다 더 완벽하겠습니까? 자세한 이유는 알 수 없지만, 하나님은 우리를 사랑하시기 때문에 '노'라고 응답하십니다. 그것이 두 번째 응답 방식입니다.

그래! 네가 구한 대로!

세 번째 응답 방식은 우리가 제일 좋아하는 방식입니다. "그래! 좋은 것으로 줄게." 엘리야가 기도했을 때 즉각적으로 제물이 타버리고 물에 젖어 퉁퉁 불은 나무가 다 타버렸으며 도랑의 물까지 말라버렸습니다. 바디매오가 눈을 뜨게 해달라고 예수님이 기도하셨을 때도 하나님은 바로 응답해주셨습니다.

1991년 12월 5일 나는 아내와 두 아이와 미국에 도착했습니다. 드디어 유학 생활을 시작한다는 감사하는 마음과 두려움에 정신이 없었습니다. 짐을 풀고 나서야 황당한 일이 일어났음을 알았습니다. 학비와 집세, 정착에 필요한 모든 재산인 여행자 수표를 지갑째 잃어버린 것입니다. 일이 안 되려면 꼭 그렇듯이, 한국을 떠날 때 비행 시간에 쫓겨 은행에서 여행자 수표 좌측 상단에 사인을 못 했었습니다. 그것은 누구나 쓸 수 있는 백지 수표나 다름없었습니다. 신고를 하니 누군가 이미 그것을 작은 단위의 수표로 나누어 가져갔음을 알 수 있었습니다. 은행에서는 내가 사인을 하지 않았기 때문에 책임질 수 없다고 발뺌했습니다.

그날 이후 우리가 할 수 있는 일은 아무것도 없었습니다. 주위에 있는 유학생들의 도움으로 얻은 아파트에서 우리 네 가족은 기도만 했습니다. 돈이 없기 때문에 할 수 있는 것이라고는 틈틈이 무릎을 꿇고 손을 붙잡고 기도하는 일뿐이었습니다. "하나님, 잃어버린 유학비가 돌아오게 도와주세요." 20일 정도가 지나도록 아무 소식이 없었습니다. 그런데 12월 24일 크리스마스이브에 하나님은 우리 평생 잊지 못할 큰 선물을 보내주셨습니다. 우리의 절박한 기도를 들어주셔서, 잃어버렸던 여행자 수표를 돌려받게 하셨습니다. 그날 우리가 받은 것은 돈이 아니라, 하나님이 동행하고 살아 계신다는 확인 증서였습니다.

그래! 네가 기대하지 못한 것으로!

네 번째 기도 응답 방법은 '그래. 그러나 네가 기대하지 못한 것으로 주마'입니다. 기대하지 못한 것으로 준다는 말은 거절이 아닙니다. 이것은 단지 방향을 수정하시겠다는 것입니다.

다윗은 하나님을 위해 성전을 지어드리고 싶었습니다. 그러나 하나님은 다윗이 아닌 그의 아들이 짓게 될 것이라고 응답하셨습니다. 거절이 아니고 방향을 수정해주신 것입니다.

사도 바울은 2차 전도 여행을 떠났습니다. 1차 전도 여행을 반대로 돌아서 비시디아 안디옥까지 왔습니다. 바울의 열망은 서쪽, 즉 왼쪽으로 더 가서 아시아에 복음을 전하는 것이었습니다. 그러나 성령이 "안 돼!" 하고 막으셨습니다. 그래서 할 수 없이 갈라디아 북쪽으로 올라가 비두니아라는 흑해 지역으로 가려는데 예수님의 영이 허락하지 않으셨습니다. 그래서 또 할 수 없이 이르게 된 곳이 에게해에 맞닿은 드로아였습니다. 그런데 그날 밤 환상 중에 에게해 건너편 마게도냐에서 한 사람이 "와서 우리에게 복음을 전해달라"고 부르는 것을 보게 됩니다. 그것 때문에 복음이 유럽으로 건너가고 우리에게까지 오게 되었습니다.

나는 29세 때 군대에 가게 되었습니다. 중위 계급장을 달고 군인 목사로 일하도록 신학 공부를 다 마치고 목사가 될 때까지 군 징집이 연기되어 군대 자원으로 보존되었던 것입니다. 신대원 3학년 때는 부패한 교단에 저항하는 데모대의 첨병으로 섰습니다. 여러 사람이 말했습니다. "결혼도 했는데 가족 생각도 해야지. 가족은 어떻게 살라고 그래?" "스물아홉에 사병으로 어떻게 군대 생활을 하려고 그래?" 그렇게 하지 않아야 할 수많은 이유와 합당해 보이는 현실적 설득이 많았습니다. 나는 하나님께 기도했습니다. 내가 어떻게 하기를 바라시는지 가르쳐달라고 했습니다. 그리고 젊은 혈기나 객기로 하나님의 영광을 가리지 않게 해달라고 기도했습니다. 기도 중에 주님은 소신을 타협하고, 불의하여 현실을 쫓는다면 평생 그렇게 현실과 타협하며 살게 될 것이라는 깨달음을 주셨습니다. 그래서 나는 정치 목사들의 위협에도 타협하기를 거부했습니다. 병적부에는 빨간 줄이 대각선으로 두 개가 그어졌으며, 일주일 만에 입영하라는 통지서를 받았습니다. 그렇게 결정하고 더 물러설 곳 없는 구석으로 몰리자 내 기도가 달라졌습니다. "원하시면, 가능한 한 높은 지위의 군대 지휘관, 믿지 않는 지휘관을 전도할 위치에서 군대 생활을 하도록 배치해주십시오."

그러나 하나님의 응답은 내가 예상하거나 상상하거나 기도하지도 않은 방식으로 주어졌습니다. 나는 이미 입대를 위한 정밀 신체검사를 마치고, 입영한 예비 장병이 확인 차원에 받는 신체검사를 받는 자리에 섰습니다. 그 자리에서 갓 임관한 중위 계급의 군의관이 나에게 기관지확장증이라는 병이 있음을 처음으로 알려주었습니다. 일주일 동안 다시 정밀 검사를 받은 뒤 나는 군대에서 쫓겨났습니다. 그해 여름 허파 두 쪽을 자르는 큰 수술을 했고, 그 덕에 지금까지 숨을 쉬며 살아오고 있습니다. 하나님은 내 기도에 '예스'라고 그러나 내가 구한 것보다 더 좋은 것으로 응답해주셨습니다. 이후 주의 은혜로 하루하루 더해지는 삶을 사는 것이라고 믿습니다. 그 사건으로 나는 하나님이 특정 방식으로 내 기도에 응답하실 것을 '지정 주문'하지 않는 지혜를 얻었습니다.

이사야서 55장은 이렇게 말합니다. "하늘이 땅보다 높음같이 내 길은 너희의 길보다 높으며 내 생각은 너희의 생각보다 높음이니라"(9절). 하나님은 때로 우리가 예상하거나 상상하거나 예측하지 못한 방식으로 우리 기도에 응답하십니다.

그래! 그러나 기다려!

마지막 기도 응답의 방식은 '그래! 그러나 기다려'입니다. 하나님은 최상의 타이밍을 아십니다. 핸드폰을 사달란다고 세 살짜리 아이에게 핸드폰을 사주는 바보 같은 엄마는 없습니다. 이 아이가 최소 초등학교 고학년이 될 때까지 기다립니다. 우리는 삶의 전문가처럼 행동하지만 내일 어떤 일이 일어날지조차 알지 못합니다. 우리 삶의 전문가는 하나님뿐이십니다. 그리고 하나님은 많은 상황에서 우리에게 기다리라고 말씀하십니다.

아브라함은 아이가 없었습니다. 75세가 될 때까지 없었습니다. 그동안 얼마나 많이 아이를 달라고 기도했을까요? 그러나 결국 아들을 품에 안고 하늘아버지의 이야기를 듣게 되는 일이 25년 후에 있었습니다.

요셉은 형들의 시기 때문에 이집트에 팔려 갔습니다. 외국 생활에 조금 익숙해질 만하니까 짓지도 않은 죄 때문에 감옥에 들어가게 되었습니다. 그가 감옥에서 얼마나 많이 기도했겠습니까? "하나님, 제발 저 좀 나가게 해주세요." 당신이 요셉을 아는 사람이었다면 만나는 모든 중보기도자에게 요셉이 억울하게 갇혔으니 풀려나도록 기도해달라고 부탁했을 겁니다. 하나님은 응답하시기까지 13년 동안이나 기다리게 하셨습니다. 그의 나이 30세가 되어서야 하나님은 그를 감옥에서 끄집어내셨습니다. 기다려야 합니다. 나는 형제들의 구원을 위해 40년 넘는 세월을 하나님께 부르짖고 있습니다. 기다려야 합니다.

이 다섯 가지 중에 우리가 가장 좋아하는 방식은 항상 즉각적으로 주어지는 '예스'입니다. 그러나 하나님은 그렇게 무책임한 분이 아니십니다. 우리를 많이 사랑하시고, 우리에게 무엇이 최상인지를 아는 지혜가 있으시기에 어떤 응답을 주어야 할지 가장 잘 아십니다. 분명한 점은 하나님이 우리 기도를 다 듣고 계시고, 응답은 그분의 주권적인 사랑의 선택에 달려 있다는 점입니다. 우리에게 필요한 것은 무엇입니까? 그 결과를 하나님께 맡겨드리는 것입니다.

주님은 약속하셨습니다. "너희 중에 누가 아들이 떡을 달라 하는데 돌을 주며 생선을 달라 하는데 뱀을 줄 사람이 있겠느냐 너희가 악한 자라도 좋은 것으로 자식에게 줄 줄 알거든 하물며 하늘에 계신 너희 아버지께서 구하는 자에게 좋은 것으로 주시지 않겠느냐"

(마 7:9-11).

바울은 하나님을 "우리 가운데서 역사하시는 능력대로 우리가 구하거나 생각하는 모든 것에 더 넘치도록 능히 하실 이"(엡 3:20)라고 말하고 있습니다.

기도하십시오. 그러나 그 결과를 주님께 내맡기고 기도하십시오. 하나님이 최선, 최고, 최적의 방식으로 응답하실 것을 믿고, 어떻게 응답하실지는 그분께 내맡기고 기도하십시오. 그런 믿음의 기도를 하나님은 기뻐하십니다.

15

속을 위해

그의 영광의 풍성함을 따라 그의 성령으로 말미암아 너희 속사람을 능력으로 강건하게 하시오며 믿음으로 말미암아 그리스도께서 너희 마음에 계시게 하시옵고 너희가 사랑 가운데서 뿌리가 박히고 터가 굳어져서 능히 모든 성도와 함께 지식에 넘치는 그리스도의 사랑을 알고 그 너비와 길이와 높이와 깊이가 어떠함을 깨달아 하나님의 모든 충만하신 것으로 너희에게 충만하게 하시기를 구하노라. **에베소서 3:16-19**

내과에서는 환자의 상태를 진단하기 위해 혈액이나 소변, 대변 등 그 사람 속에 있는 것을 뽑아 검사를 합니다. 한 사람의 영적 상태는 그의 기도에 드러납니다. 그가 하는 기도를 들어보면 그의 주요 관심사와 삶의 우선순위, 가치관과 영적 성숙도를 짐작할 수 있습니다. 뒤집으면, 우리를 크리스천다운 크리스천으로 자라게 하고, 변하게 하는 가장 중요한 변수가 우리의 기도라고 말할 수 있는 것입니다. 사람은 그가 하는 기도 이상의 사람이 될 수 없습니다. 그러므로 영적으로 자라가려면 우리 기도를 영적인 것으로 바꿔야 합니다.

예전에 이방 종교의 지배 아래 살았을 때 했던 기도에 대상만 예수님으로 갈아 끼운다고 크리스천의 기도가 되는 것이 아닙니다. 우리는 더는 원하는 것을 얻기 위해 신에게 떼쓰고 감동을 주며, 신을 설득하려 애쓰는 기도를 할 필요가 없습니다. 예수님은 말씀하셨습니다. "기도할 때에 이방인과 같이 중언부언하지 말라 그들은 말을 많이 하여야 들으실 줄 생각하느니라 그러므로 그들을 본받지 말라

구하기 전에 너희에게 있어야 할 것을 하나님 너희 아버지께서 아시느니라"(마 6:7-8). 우리에게 기도는 아버지 되신 하나님과 나누는 영적 교제입니다.

인디언은 농사를 지을수록 땅이 비옥해지는 방법으로 농사를 지었다고 합니다. 우리의 기도가 그래야 합니다. 기도할수록 영적으로 성숙해지고, 예수님을 닮아가며, 예수님의 냄새를 더욱 풍기는 예수님의 사람으로 변해가야 합니다. 어떻게 하면 그렇게 됩니까? 기도의 초점을 표면적 삶에서 우리의 마음과 영혼으로 옮겨야 합니다. 많은 크리스천이 재정과 진급, 진학과 취업 등 삶의 문제를 놓고 기도합니다. 잘못된 일이 아닙니다. 그 일들에 대해서도 기도해야 합니다. 그러나 그런 주제가 기도의 우선순위에 있다면 그 기도는 복이 아니라 독이 될 수 있습니다. 우리 속사람의 상태가 건강하고 충만하게 유지되는 것이 삶의 상황 변화나 문제의 해결보다 훨씬 중요하기 때문입니다. 겉을 위해서는 그렇게 열심히 기도하면서 우리의 속을 위해서는 얼마나 기도합니까?

속사람이 얼마나 중요한지를 보여주는 좋은 예가 성경에 있습니다. 남북 왕국으로 갈라지기 전 이스라엘은 120년간 세 왕이 다스렸습니다. 이 기간을 이스라엘의 통일 왕국 시대라고 부릅니다. 사울이 40년, 다윗이 40년, 솔로몬이 40년을 통치했습니다. 그러나 하나님의 주권 아래 있는 같은 민족을 같은 영토에서 통치했지만, 세 나라는 완전히 달랐습니다. 세 왕의 영적 상태, 그 속사람의 상태가 완전히 달랐기 때문입니다. 사울은 무심(無心)했습니다. 하나님을 향한 마음이 없었습니다. 그는 하나님을 왕으로 인정하거나 의지하지 않았습니다. 그래서 그의 삶에는 기도가 없었습니다. 그에게 하나님은 국가가 위태할 때 도움을 얻어 위기를 넘기기 위한 창구에 지나지 않았습니다. 그러나 다윗은 하나님께 전심(全心)을 다했습니다. 그의 마음에는 언제나 하나님을 향한 사랑과 믿음이 가득했습니다. 그가 쓴 많은 시편에서 우리는 그의 영적 상태를 깊이 들여다볼 수 있습니다. 솔로몬의 마음은 반심(半心)이었습니다. 그는 전심으로 시작했지만 변질하여 무심으로 끝나고 맙니다. 그가 죽은 뒤 나라는 두 조각으로 갈라졌습니다. 우리 영혼의 상태는 우리의 인격과 생애와 우리가 심긴 세상을 바꾸는 중요한 변수입니다. 그러므로 당연히 우리의 속을 겨냥해 기도해야 합니다. 당신은 자신의 속사람을 위해 얼마나 기도합니까?

우리는 바울 사도에게 속사람을 위한 기도가 얼마나 중요한지 배울 수 있습니다. 바울은 복음 때문에 로마 감옥에 갇혔습니다. 1차 투옥은 엄격한 의미로 감옥 생활이 아니라 일종의 가택 연금이었습니다. 로마 병사들이 그를 사슬로 매 놓기는 했지만, 옥 바깥에 있는 사람에게 편지를 쓸 수도 있고, 찾아온 사람을 만날 수도 있었습니다. 그곳에서 바울은 감옥 바깥에 있는 성도들을 위해 편지를 씁니다. 이 편지를 옥중 서신이라고 말하는데, 신약성경에 들어 있는 에베소서, 빌립보서, 골로새서, 빌레몬서가 그것입니다. 여기에는 사도 바울이 감옥 안에서 바깥세상에 있는 하나님의 사람들을 위해 기도한 내용이 실려 있습니다. 에베소서 1장 15-19절, 3장 16-19절, 빌립보서 1장 9-10절, 골로새서 1장 9-12절 등입니다.

그런데 이 네 개 기도문을 몇 번이고 읽고 비교해본 결과 깨달은 점이 있습니다. 교회 상황에 따라 표현이나 강조점이 다를 뿐이지 내용은 같다는 것입니다. 바울이 옥 안에서 성도들을 위해 기도했던 가장 중요한 제목은 무엇이었습니까? 네 가지만 기도했다면 무엇을 위해 기도했을까요? 그들의 건강, 사업 성공, 세상 출세, 예배당 건축이었을까요? 아닙니다. 속사람의 영적인 성숙과 변화였습니다.

특히 에베소서 3장 16-19절에는 에베소 성도들을 향한 바울의 4대 기도 제목이 명확하게 드러나 있습니다. 영적인 성숙과 변화가 중단되지 않는 성도로 살고 싶다면, 바울의 이 기도를 우리 기도로 삼아야 합니다. 우리는 겉만이 아닌 속을 위해 기도해야 합니다.

속사람을 강건하게

첫째, 속사람이 강건하도록 기도해야 합니다. 바울은 이렇게 기도했습니다. "아버지께서 그분의 영광의 풍성하심을 따라 그분의 성령을 통하여 여러분의 속사람을 능력으로 강건하게 하여 주시고"(엡 3:16, 새번역).

에베소는 당시 소아시아와 유럽을 잇는 중요한 항구 도시였습니다. 교통의 중심이자 온갖 문화와 문물이 흘러들어오는 곳이었습니다. 그곳에는 아데미 신전이 있어 천 명이 넘는 여사제들이 음란한

제례로 사람들을 미혹하고 있었습니다. 그곳에서 예수님을 믿고 따르는 제자들이 받은 유혹이 얼마나 컸을지, 그 문화에 제자들을 동화되게 하려는 압력이 얼마나 컸을지 충분히 짐작할 수 있습니다. 그 외부 압력을 버텨낼 내부 대응력이 없다면 그들은 심해의 압력을 견디지 못하여 찌그러지는 잠수함같이 될 지경이었습니다. 그래서 바울은 그들의 속사람이 성령으로 강건하기를 기도했습니다. 그들의 내부 대응력은 자기 결심이나 노력이 아닌, 그들 속에 계신 성령님에게서 나오는 것이었기 때문입니다.

그 시대에 그곳에서 살았던 에베소 성도만 외적 압력을 받고 있습니까? 그들만 외적 압력을 이겨낼 내적 대응력이 필요합니까? 아닙니다. 우리도 마찬가지입니다. 어느 시대건 세상과 마귀와 육의 삼대 연합군은 하나님의 백성이 경건하게 살기를 포기하도록 공격해왔습니다. 성경은 말합니다. "무릇 그리스도 예수 안에서 경건하게 살고자 하는 자는 박해를 받으리라"(딤후 3:12). 어떻게 해야 할까요? 내부 대응력을 확보해야 합니다. 이 대응력은 내부에서 작동하지만 외부에서 들어온 힘입니다. 이를 메시지 성경은 "영광스러운 내부적 강력"이라고 번역했습니다. 그 강력은 바로 우리 안에 계신 성령님입니다.

문제는 우리 사회와 문화에서 육적이고 외적인 건강을 추구한다는 것입니다. 세상 사람들은 육체의 건강을 유지하거나 증진하고자 돈과 시간을 아낌없이 쏟아붓습니다. 하지만 크리스천이라고 그들과 크게 다르지 않은 것 같습니다. 바깥에만 관심이 있기에 그들이 드리는 기도도 다분히 내부가 아닌 외부에 초점이 있습니다. 당신은 영적 강건함과 속사람의 건강을 위해 얼마나 많은 기도를 하고 있습니까?

어떻게 속사람이 강해질 수 있습니까? 성령님을 의존해야 합니다. 장갑은 힘이 없지만, 그 장갑에 손이 들어가면 장갑에 없는 놀라운 힘이 생깁니다. 어떻게 성령의 능력을 내 것으로 활용할 수 있습니까? 말씀과 기도가 그 통로입니다. 우리가 말씀과 기도에 힘써야 할 이유가 그것입니다.

그리스도가 마음에 계시게

둘째, 그리스도가 마음에 계시도록 기도해야 합니다. 바울이 성도들을 위해 했던 기도를 들어보십시오. "믿음으로 말미암아 그리스도께서 너희 마음에 계시게 하시옵고"(엡 3:17). 좀 이상하다는 생각이 들지 않습니까? 다음 성경 구절들을 밑줄에 주의하며 잘 읽어보십시오.

> "영접하는 자 곧 그 이름을 믿는 자들에게는 <u>하나님의 자녀가 되는 권세를 주셨으니</u>"(요 1:12).
> "예수께서 대답하여 이르시되 사람이 나를 사랑하면 내 말을 지키리니 내 아버지께서 그를 사랑하실 것이요 <u>우리가 그에게 가서 거처를 그와 함께하리라</u>"(요 14:23).
> "내가 결코 너희를 버리지 아니하고 <u>너희를 떠나지 아니하리</u>

라"(히 13:5).

"볼지어다 내가 세상 끝날까지 너희와 항상 함께 있으리라"
(마 28:20).

에베소 성도들은 이미 예수님을 구주로 믿어 하나님의 자녀가 되었고, 예수님이 그 안에 계시고 결코 떠나지 않으시며 세상 끝날까지 함께하시겠다는 약속을 누리고 있었습니다. 그런데 왜 이미 그리스도를 마음에 모신 성도들이 "예수님, 내 마음에 계셔주세요"라고 기도해야 합니까? 또 우리 자신뿐 아니라 가족과 자녀, 우리 목사님과 교회 성도들을 위해 이 기도를 해야 합니까?

바울이 기도한 것은 예수님이 그 마음속에 계시는지 여부에 관한 것이 아닙니다. 이미 그분은 그곳에 계시기 때문입니다. 바울의 관심은 예수님이 어느 정도 계시는지 그 '정도'(Things of degree)에 관한 것입니다. 건넛방에 머무는 머슴처럼 계시는가? 아니면 손님방에 있는 손님처럼 계시는가? 혹은 안방에 있는 주인처럼 계시는가? 여기에 바울 사도가 사용한 동사 '계시다'는 신약성경을 기록한 그리스어로 '오이케이'(οἰκεῖ)가 아니라, '카토이케사이'(κατοικῆσαι)입니다. 예수님이 방문한 손님처럼 계신 것이 아니라 그 집의 주인으로 사시는 것을 의미합니다. 예수님은 모든 신자의 마음에 계십니다. 그러나 모든 신자의 마음이 다 그분께 편한 곳은 아닙니다.

한 가지 생생한 어린 시절의 기억이 있습니다. 나는 고개를 넘고 개울을 건너 친척 집에 심부름을 하러 갔습니다. 그 집에 들어서자마자 분위기가 험악한 것을 느꼈습니다. 고성이 나고 다듬잇방망이가 날아다녔습니다. 그래서 그 집에 잠시 머무는 것조차 편안하지 않았습니다. 말 한마디 못하고 친척들 눈치만 살피는 좌불안석의 시간을 보냈습니다. 어머니 심부름이고 뭐고 그저 빨리 떠나고 싶다는 마음뿐이었습니다. 어떤 신자의 마음은 예수님께 이와 같은 좌불안석의 장소일 것입니다. 또 어떤 신자의 마음은 마치 베다니 나사로의 집처럼 편안한 곳일 것입니다. 그러나 기억하십시오. 예수님께 백 퍼센트 편안한 집은 없습니다. 우리는 모두 죄에서는 멀어지고 예수님께 가까워지는 공사 중에 있기 때문입니다.

어떻게 우리 안에 예수님을 편안하게 모실 수 있습니까? '믿음으로'입니다. 먼저 '그분이 내 안에 계신다'고 인정해야 합니다. 이것이 출발점입니다. 또한 이것은 느낌이 아니라 주님의 약속에 대한 믿음입니다. 둘째는 의식하는 것입니다. 예수님을 왕으로, 어른으로 의식하고 사는 것입니다. 만약 큰 어른이 우리 집이 와 계신다면 내 말과 행동, 결정과 태도 모두 그 영향을 받을 것입니다. 언제 어디서 무슨 일을 하든 예수님이 내 안에 계신다는 거룩한 상상이 필요합니다. 셋째, 교제입니다. 손님을 모셔다 놓고 누구도 그 손님에게 관심을 보이거나 대접하려 하지 않는다면 이는 참으로 그 손님에 대한 모욕이 아닐 수 없습니다. 예수님을 왕과 삶의 주인으로 모신 사람이라면 그분께 최고의 사랑을 드리는 것이 합당하지 않겠습니까? 마지막으로는 순종하는 것입니다. 예수님은 손님이 아닙니다. 우리 마음의 집주인이 되십니다. 그분은 더러운 집, 허물어진 집에 얼굴을 찡그리며 살지 않으십니다. 전능하신 팔을 걷어붙이고 집을 고치십니다. 그리고 질서를 세우고 깨끗하게 정돈하십니다. 예수님이 내 안을 그분의 왕궁으로 리모델링하시도록 모든 열쇠를 그분께 드려야 합니다. 그것이 믿음으로 예수님을 우리 마음에 계시게 하는 일입니다.

예수님의 사랑을 알게

셋째, 예수님의 사랑을 알게 해달라고 기도해야 합니다. 바울은 성도들을 위해 이렇게 기도합니다. "너희가 사랑 가운데서 뿌리가 박히고 터가 굳어져서 능히 모든 성도와 함께 지식에 넘치는 그리스도의 사랑을 알고 그 너비와 길이와 높이와 깊이가 어떠함을 깨달아" (엡 3:17-19).

이미 하나님의 사랑을 아는 성도들을 위해 또 그 사랑을 알게 해달라고 기도하는 이유는 무엇일까요? 사람이 하나님의 사랑을 다 알 수 있을까요? 없습니다. 크리스천이 되어서도, 우리에게 인 박힌 사랑, 익숙하다 못해 몸에 밴 사랑은 불행히도 하나님이 주시는 사랑이 아니라 세상 방식의 사랑입니다. 세상에 속한 사랑은 실용성을 추구하고 이기적입니다. 내 눈에 사랑스러운 사람, 내가 무엇인가를 얻어낼 수 있는 사람, 내게 도움이 되는 사람 혹은 내가 이용할 가치가 있는 사람만 사랑합니다. 사랑해봤자 아무 도움이나 유익이 없는 사람은 사랑하지 않습니다. 사실 이런 세상 사랑은 다른 사람의 인격과 삶, 가정과 세상을 파괴합니다.

나의 은사인 트리니티 신학대학원의 페리 다운스(Perry Downs) 교수는 세상과 반대되는 사랑으로 나에게 큰 감동과 도전을 주는 스승입니다. 그는 20명이 넘는 아이를 입양해 키워서 내보내는 포스터홈을 운영하고 있습니다. 그가 키운 아이 가운데 18개월 된 남자 쌍둥이 이야기가 내 마음을 울렸습니다. 다른 아이 같으면 새집에 오자마자 이곳저곳을 돌아다니며 흥분과 기대로 새 양부모와 탐색전을 펼치는데, 이 아이들은 달랐습니다. 다운스 교수가 또래보다 몸집이 작았던 이 아이들을 방에 들여놓았는데, 방 안에 들어간 뒤에 오랫동안 아무 소리가 없자 문을 열고 가만히 들여다보니 두 아이가 얼굴을 베개에 파묻고 소리조차 내지 못하고 흐느껴 울고 있었습니다. 베개가 흥건히 젖도록 울고 있었던 모양입니다. 다운스 교수가 그 이유를 물어보니 이 집에 오기 전에 9번이나 부모가 바뀌었는데, 그 부모들이 아이들이 운다고 손찌검을 했다고 합니다. 그래서 두 아이는 이 집에 와서도 맞고, 쫓겨나거나 버려질까 봐 그렇게 소리 없이 흐느꼈던 것입니다.

어쩌면 이 눈물겨운 처지가 우리가 하나님 없는 세상에서 그분 없이 살며 경험하는 두렵고 불안한 삶의 모습일지 모릅니다. 그러나 하나님의 자녀가 된 이상 그렇게 살 필요가 없습니다. 우리는 세상이 모르는 다른 사랑으로 하나님의 자녀가 되었습니다. 그 사랑은 쓰레기 같은 인생을 가치 있고 존귀한 것으로 뒤집어놓습니다. 다운스 교수가 그 아이들에게 베푼 사랑처럼 가치가 있어서 사랑하는 것이 아니라 가치를 만들어내는 사랑인 것입니다.

그는 6개월만 맡기로 한 아이들을 2년간 데리고 살면서 여태껏 경험하지 못한 다른 사랑을 보여주었습니다. 그 아이들은 신체적, 정신적, 정서적으로 회복되어 그 집을 나갔습니다.

그 아이들처럼 삶에 두려움을 느낍니까? 불안감 때문에 삶이 행복하지 않습니까? 내가 남들에게 가치 없는 존재가 될지 모른다는 강박 관념이 있습니까? 남들이 나를 어떻게 보는지 눈치 보며 살고 있습니까? 바울처럼 기도해야 합니다. "지식에 넘치는 그리스도의 사랑을 알고 그 너비와 길이와 높이와 깊이가 어떠함을 깨달아 알게 해주세요." 정확하게 읽어야 합니다. 바울은 그 사랑을 받게 해달라거나 그 사랑을 하게 해달라고 기도하지 않았습니다. 그것을 알게 해달라고 기도했습니다.

예수님께 받는 다른 사랑을 알아야 그 사랑으로 남들을 사랑할 수 있습니다. 여기서 안다는 것은 정보로 아는 지식이 아니라 체험으로 아는 경험적 지식을 말합니다. 당신은 하나님을 압니까? 머리로는 '네'라고 하지만 가슴으로는 '노'라고 하지 않습니까? 지금 당하는 고통 때문에 하나님이 나를 정말 사랑하시는지 의심스럽지는 않습니까? '만약 하나님이 날 사랑한다면, 왜 이런 일을 허용하셨을까?' 그 사랑에 대한 증거를 내 상황에서 찾으려 하지 말아야 합니다. 바닷가에는 언제나 파도가 치고 파도의 상황은 늘 바뀌듯이, 나의 죄와 남의 죄로 찌든 세상의 상황은 늘 바뀝니다.

하나님의 다른 사랑의 증거는 십자가입니다. 성경은 말합니다.

"우리가 아직 죄인 되었을 때에 그리스도께서 우리를 위하여 죽으심으로 하나님께서 우리에 대한 자기의 사랑을 확증하셨느니라"(롬 5:8).

삶이 우울합니까? 심령이 시들합니까? 맥이 없습니까? 암담한 현실에 좌절합니까? 내일이 회색으로 보입니까? 마음이 허전합니까? 무기력한 생활을 이어가고 있습니까? 그것은 현실 때문이 아닙니다. 예수님의 사랑을 모르기 때문입니다. 당신의 삶이 예수님의 사랑에 뿌리를 내리고 있지 않기 때문입니다. 당신의 현실이 어려운 것은 사실일 테지만, 바울이 겪고 있는 현실보다 더 어렵다고 말할 수 있겠습니까?

"내가 수고를 넘치도록 하고 옥에 갇히기도 더 많이 하고 매도 수없이 맞고 여러 번 죽을 뻔하였으니 유대인들에게 사십에서 하나 감한 매를 다섯 번 맞았으며 세 번 태장으로 맞고 한 번 돌로 맞고 세 번 파선하고 일 주야를 깊은 바다에서 지냈으며 여러 번 여행하면서 강의 위험과 강도의 위험과 동족의 위험과 이방인의 위험과 시내의 위험과 광야의 위험과 바다의 위험과 거짓 형제 중의 위험을 당하고 또 수고하며 애쓰고 여러 번 자지 못하고 주리며 목마르고 여러 번 굶고 춥고 헐벗었노라 이 외의 일은 고사하고 아직도 날마다 내 속에 눌리는 일이 있으니 곧 모든 교회를 위하여 염려하는 것이라"(고후 11:23-28).

그러나 바울은 그런 상황의 압력에 찌그러들지 않는 승리를 거두고 있었습니다. "누가 우리를 그리스도의 사랑에서 끊으리요 환난이나 곤고나 박해나 기근이나 적신이나 위험이나 칼이랴 기록된바 우리가 종일 주를 위하여 죽임을 당하게 되며 도살당할 양같이 여김을 받았나이다 함과 같으니라 그러나 이 모든 일에 우리를 사랑하시는 이로 말미암아 우리가 넉넉히 이기느니라 내가 확신하노니 사망이나 생명이나 천사들이나 권세자들이나 현재 일이나 장래 일이나 능력이나 높음이나 깊음이나 다른 어떤 피조물이라도 우리를 우리 주 그리스도 예수 안에 있는 하나님의 사랑에서 끊을 수 없으리라"(롬 8:35-39).

어떻게 그럴 수 있었을까요? 그리스도의 사랑을 알았기 때문입니다. 사랑받게 해달라고 기도하지 마십시오. 당신은 이미 사랑을 받았습니다. 사랑하게 해달라고 기도하지 마십시오. 먼저 내가 그 사랑을 알게 되면 자연스럽게 그런 사랑으로 사랑할 수 있게 됩니다. 사랑을 알게 해달라고 기도하십시오.

하나님의 충만으로 충만하게

넷째, 하나님의 모든 충만으로 충만하게 해달라고 기도하십시오. 바울은 성도들을 위하여 이렇게 기도했습니다.

"하나님의 모든 충만하신 것으로 너희에게 충만하게 하시기를 구하노라 우리 가운데서 역사하시는 능력대로 우리가 구하거나 생각하는 모든 것에 더 넘치도록 능히 하실 이에게 교회 안에서와 그리스도 예수 안에서 영광이 대대로 영원무궁하기를 원하노라 아멘"(엡 3:19-21).

크리스천의 삶은 예수님을 영접함으로 시작됩니다. 그러나 죽어 예수님께로 가면 끝입니까? 죽을 때 천당 가는 것만 이교도와 다릅니까? 아닙니다. 삶과 죽음, 그 사이에 있는 삶이 너무 다릅니다. 영생이란 단순히 죽은 다음에 펼쳐질 끝없는 삶을 뜻하지 않습니다. 영생이란 생명의 길이가 아닌 생명의 특성을 말합니다. 즉 영생은 예수님과 함께 사는 것을 말합니다. 영생은 이 땅에서부터 누릴 우리의 축복입니다. 크리스천은 예수님을 가진(possession) 사람이며, 예수님 안에 있는(position) 사람입니다. 예수님은 그분을 소유하고 그분 안에 있는 사람이 누릴 축복을 말씀하셨습니다. "내가 온 것은 양으로 생명을 얻게 하고 더 풍성히 얻게 하려는 것이라"(요 10:10).

그러나 불행히도 많은 크리스천이 그렇게 풍성한 삶을 살지 못하고 있습니다. 그래서 바울은 성도를 위해 "하나님의 모든 충만하신 것으로 충만하게 해주옵소서"라고 기도했습니다. 하나님은 그 아들 예수 그리스도로 말미암아 우리에게 놀라운 구원을 주셨습니다. 그리고 이 세상을 떠날 때 그분과 함께하는 영광스러운 영원을 보증하셨습니다. 그러나 그것으로 끝이 아닙니다. 그 중간 과정인 오늘의 삶을 하나님이 충만하게 채워주길 원하십니다. 하나님은 충만하신 분입니다. 우리가 이 땅을 살아가면서 필요한 은혜와 생명, 사랑과 공의, 긍휼과 지혜와 능력, 이 모든 것의 근원이 하나님이십니다. 예수님은 우리의 필요충분조건이십니다.

그런데 왜 그렇게 기도해야 할까요? 모르면 가난뱅이로 살게 되기 때문입니다. 미국 텍사스에 예이츠 풀(Yates Pool)이란 유전에 관한 이야기를 들어본 적이 있습니까? 1930년대 대공황 때 예이츠라는 사람이 목장 구매 시 빌린 융자금의 이자도 제대로 갚지 못해 정부 보조금으로 끼니를 이으며 전전긍긍하고 있었습니다. 빚이 점점 늘어나면서 목장을 압류당할 처지가 되었는데, 그즈음 한 석유 회사에서 파견한 지질 조사단이 그 지역을 방문했습니다. 그들은 석유가 나올 가능성이 있다고 판단하고 예이츠를 설득해서 시추할 수 있도록 허락을 구했지만, 예이츠는 자신의 땅을 뺏는 것으로 생각하고 무려 10년 이상이나 허락하지 않았습니다. 결국 그는 병이 들어 죽게 되었고, 사촌들이 그 땅을 이어받았습니다. 사촌들은 땅을 파는 것을 허락했습니다. 시추를 하던 중 334미터 지점에서 큰 유정을 발견했습니다. 처음에는 원유가 하루에 8만 배럴이 나오더니 후에는 12만 5천 배럴이 쏟아져 나왔습니다. 그러나 불행히도 원주인이었던 예이츠는 이것을 한 번도 누려보지 못하고 세상을 떴습니다. 석유 재벌이 된 사촌들은 이에 대한 미안함으로 그 유전의 이름을 '예이츠 풀'이라고 붙였다고 합니다.

모르면 가난하게 사는 것으로 끝나는 것이 아닙니다. 어리석게 살게 됩니다. 근년에 나는 버킷리스트 중 하나였던 알래스카를 여행하고 돌아왔습니다. 러시아 사람들이 두고두고 가슴 칠 땅을 밟으며 우리가 다루고 있는 바울의 기도를 깊이 묵상했습니다. 크림 전쟁에서 영국에게 패한 소련은 재정이 바닥난 상태여서 어떤 방법으로든 돈을 마련해야 했습니다. 더욱이 영국 해군이 알래스카에 주둔하지 못하게 하려고 그 땅을 미국에 팔기 원했습니다. 러시아 공사 슈네클은 미국 정치가들에게 뇌물을 쓰고 로비를 해서 720만 불에 알래스카를 팔았습니다. 알래스카는 남한 땅의 17배나 되는 큰 땅입니다. 1에이커(1,224평)당 2센트로 판 것입니다. 미국에서도 얼음덩어리인 쓸모없는 땅을 산 슈어드 국무장관을 비난하며, 알래스카를 '슈어드의 아이스박스'라고 조롱했습니다. 그러나 알래스카에서 금이 발견되었습니다. 다음 1년 동안 채취한 금의 가치만 따져도 720만 불이 넘었습니다. 알래스카는 한 해 만에 땅값 이상을 벌어다 주었습니다. 여기에는 금뿐 아니라 석유, 목재 등 여러 자원이 풍부하게 매장되어 있었습니다. 또 이곳은 관광지로도 각광받고 있습니다. 자신들이 얼마나 가치 있는 것을 소유하고 있었는지 몰랐던 러시아는 두고두고 가슴을 칠 어리석은 결정을 하고 만 것입니다. 우리가 천국에서 깨어날 때, 우리에게 있는 충만한 자산을 모른 채 궁핍하고 어리석게 살아온 삶을 되돌아보며 가슴을 치지 않으려면 기도해야 합니다. "하나님의 모든 충만하신 것을 충만하게 누리게 하옵소서."

이 기도를 해야 할 이유가 또 있습니다. 하나님의 충만으로 채우지 못하면, 그냥 가난하게 사는 것으로 끝나거나, 어리석게 손해 보는 것으로 끝나지 않습니다. 우리 가슴과 삶을 가치 없는 것들로 채우게 됩니다. 아리스토텔레스는 자연은 공백을 싫어한다고 말했습니다. 공기가 그렇듯, 영혼이나 생각, 삶에는 공백이 있을 수 없습니다. 우리가 하나님의 충만으로 채워지지 않으면 다른 것들이 그 자리를 채우게 됩니다.

예수님은 말씀하셨습니다. "더러운 귀신이 사람에게서 나갔을 때에 물 없는 곳으로 다니며 쉬기를 구하되 얻지 못하고 이에 이르되 내가 나온 내 집으로 돌아가리라 하고 가서 보니 그 집이 청소되고 수리되었거늘 이에 가서 저보다 더 악한 귀신 일곱을 데리고 들어가서 거하니 그 사람의 나중 형편이 전보다 더 심하게 되느니라"(눅 11:24-26). 그러므로 하나님의 모든 충만하신 것을 충만하게 누리게 해달라고 기도해야 합니다.

어떻습니까? 우리 기도의 초점을 삶의 표면에서 영혼의 이면으로 옮겨야 할 것 같지 않습니까? 속을 위해 기도하십시오. 속사람을 강건하게 해달라고, 예수님을 내 마음의 집주인으로 모시게 해달라고, 하나님의 사랑을 더 깊이 알게 해달라고, 하나님의 모든 충만함으로 충만함을 누리게 해달라고.

성경에 나오는 하나님과
교통하는 기도를 하기 위해서는
성령님을 통하지 않고서는
불가능합니다.

16

성령으로

모든 기도와 간구를 하되 항상 성령 안에서 기도하고 이를 위하여 깨어 구하기를 항상 힘쓰며 여러 성도를 위하여 구하라. **에베소서 6:18**

드디어 '기도 바로!'의 마지막 장에 이르렀습니다. 우리가 지금까지 바른 기도 세우기 여행을 통해 배운 것처럼 기도는 성도의 가장 큰 특권입니다. 하나님께 기도하는 특권은 지식이나 돈이나 권세로 살 수 없는 우리만의 특권입니다. 또 기도는 우리의 가장 큰 특권일 뿐 아니라 세상을 축복하는 가장 큰 섬김이기도 합니다. 우리가 일하면 그냥 일할 뿐이지만 기도하면 하나님이 일하십니다.

그러나 가장 큰 특권이자 축복이며 섬김인 기도의 실상은 어떻습니까? 많은 성도에게 기도는 좌절감을 주는 숙제입니다. 안 할 수도 없고 하지도 못하고 부담으로만 다가옵니다. 힘이나 의욕도 없어서 기도가 잘되지 않습니다. 그러면 기도의 진보도 없고 그 맛도 모릅니다. "기도하는 그 시간 그때가 가장 기쁘다"라고 찬송은 잘합니다. 그러나 실제로는 기도하는 것이 그렇게 기쁘지 않습니다. 왜 그럴까요? 그리고 이 문제를 어떻게 해결해야 할까요? 어떻게 '기도하는 이 시간이 내게는 가장 귀하다'는 찬양을 자기 고백으로 삼을 수 있을까요?

　이 무거운 질문에 대한 답이 에베소서 6장 18절에 기록되어 있습니다. "모든 기도와 간구를 하되." '되' 자는 무슨 뜻입니까? 조건이 있다는 것입니다 "항상 성령 안에서 기도하고." 기도하되 항상 성령 안에서 기도하라고 말씀하고 있습니다.

　'성령으로 기도하라.' 이것이 답입니다. 불행히도 많은 성도가 성령님을 가깝게 느끼지 않습니다. 그러나 다음 사실을 분명히 할 필요가 있습니다. 성령님은 신비한 영적 기운이 아니라 인격이십니다. 온 세상을 만드실 때 성부 하나님, 성자 하나님과 함께 온 세상을 창조하신 창조주 하나님이십니다. 인류가 죄를 짓고 타락했을 때 그 인류를 구원할 계획을 성부 하나님이 세우셨습니다. 인류를 구원할 하나님의 계획을 이 땅에 시행하신 분은 성자 예수님이십니다. 예수님이 십자가에서 죽고 다시 살아나 하늘에 오르심으로써 우리를 구원하기 위한 하나님의 계획을 시행하셨습니다. 모든 공사가 끝났습니다. 이제 이 공사를 우리에게 연결하고 적용하는 분은 바로 성령 하나님이십니다. 누구든지 예수님을 자신의 구세주와 주님으로 받아들이면 구원을 얻는데, 이때 안에 모셔 들이는 예수님은 손발에 구멍이 나고 옆구리에 창 자국이 있는 육체가 있는 예수님이 아닙니다. 그 예수님은 십자가에 돌아가시기 전에 이렇게 약속하셨습니다. "내가 떠나가는 것이 너희에게 유익이라"(요 16:7). 왜입니까? 주님이 떠나가시면 제자들과 항상 함께 계실 수 있는 하나님을 보내주실 수 있기 때문입니다. 예수님은 그 하나님을 보혜사(保惠師)라고 부르셨습니다. 그 보혜사 성령님이 오순절에 이 땅에 오셨습니다. 그분은 누구든지 예수 그리스도를 구세주로 믿는 사람의 마음속에 들어오십니다.

이것은 구약의 성도들은 꿈에도 생각할 수 없었던 영광스러운 현실입니다. 그들은 하나님을 소유한다거나 그분이 내 안에 오실 수 있다고 생각하지 못했습니다. 이것은 오직 신약 시대 이후의 성도들만 누리는 특권입니다. 우리가 예수님이 우리 안에 계신다고 말하는 것은 정확하게는 예수님의 영이신 성령님이 계신다는 뜻입니다. 예수님이나 성령님은 같은 분이지만 다른 분입니다. 셋인데 하나이고 하나인데 셋인 삼위일체 하나님의 제삼위에 해당하는 분이십니다.

그 성령님은 우리 기도와 밀접하게 관련 있으십니다. 성령님은 우리 안에서 우리를 위해 그리고 우리와 함께 기도하십니다. 그러므로 성령님이 없이는 우리 기도가 설 수 없습니다. 활이 없는 화살을 생각할 수 있습니까? 화살은 활에 물려야 동력을 얻고 목표를 향해 날아갈 수 있습니다. 성령님을 제쳐둔 기도는 활 없는 화살과 같습니다.

성령님 없이 우리가 기도할 수 있을까요? 답은 '아니오'입니다. 절대로 기도할 수 없습니다. 이교도처럼 기도하며 넋두리는 할 수 있습니다. 우리 할머니들은 하나님 믿지 않아도 기도했습니다. '비나이다 비나이다 신령님께 비나이다.' 그런 차원으로 기도를 정의한다면 성령님 없이도 기도한다고 말할 수 있겠지만, 성경에 나오는 하나님과 교통하는 기도를 하기 위해서는 성령님을 통하지 않고서는 불가능합니다.

새로운 전기 제품을 샀다 해도 소켓에 플러그를 꽂고 전원을 연결하지 않으면 작동하지 않습니다. 그런 것처럼 당신이 지금까지 이 책을 통해 기도에 대해 많이 배웠다 해도 성령님의 도움과 능력이 없다면 기도는 살아나지 않습니다. 당신이 휴대폰을 사용할 때 제일 황당한 순간은 언제입니까? 아주 중요한 문자를 보내거나 결정적인 통화를 기다리고 있는데, 화면에 배터리 잔량 없음을 나타내는 표시가 뜨는 것입니다. 백만 원이나 되는 비싼 새 스마트폰을 가졌다고 해도 배터리 용량이 바닥나면 아무 소용이 없습니다. 성령님은 우리 기도의 동력입니다. 우리 기도는 성령님과 반드시 연결되어야 합니다.

그래서 사도 바울은 이렇게 말했습니다. "성령 안에서 기도하라"(Pray in the Holy Sprit). 그런데 그 말이 눈에 보이듯 와 닿지 않습니다. 이 말을 설명할 방법을 찾으려고 이런저런 자료를 보았는데 존 파이퍼의 글에서 적당한 표현을 찾았습니다. 존 파이퍼 목사는 많은 글을 쓴 복음주의 신학자이면서 목회자입니다. 그래서 신학 용어를 성도들이 알아듣기 쉽게 잘 설명합니다. 존 파이퍼 목사는 성령 안에서 기도한다는 말을 두 단어로 설명했습니다. 하나는 '시키심'(moving)이고, 다른 하나는 '이끄심'(guiding)입니다.* 성령님이 우리에게 기도를 시키시고 우리 기도를 인도하시니, 우리는 성령님이 이끄시는 대로 기도해야 한다는 말입니다. 이 두 단어를 좀 더 자세히 설명하겠습니다.

---

* John Piper, "Learning to Pray in the Spirit and the Word", https://www.desiringgod.org/messages/learning-to-pray-in-the-spirit-and-the-word-part-2

시키심

첫째, 성령님이 기도를 시키십니다. 평소 생각 없이 살다가 문득 이런 생각이 들 때가 있습니다. '아, 이 문제를 놓고 기도해야 할 것 같다.' '이것은 고민할 문제가 아니고, 기도해야 할 문제구나.' '하나님께 기도하라는 뜻인가 보다.' 그것이 바로 지금 성령님이 당신 마음에 기도에 대한 자극을 주시고 방아쇠를 당기시는 것입니다. 성령님은 기도를 시키십니다.

유다서 1장 20절에 이런 말씀이 나옵니다. "사랑하는 자들아 너희는 너희의 지극히 거룩한 믿음 위에 자신을 세우며 성령으로 기도하며." 원문을 우리말로 번역하면 "성령님이 시키시는 기도를 하며"라고 할 수 있습니다.

성령님이 우리 마음을 자극하고 기도할 마음을 주시며, 기도해야겠다는 생각을 마음속에 집어 넣어주십니다. 그리고 일단 거기에 순종하여 기도를 시작하면 성령님이 능력과 은혜로 우리 기도를 도우십니다. 우리의 기도를 격발하실 뿐만 아니라 우리의 기도를 힘 있게 하시고 우리 기도에 계속 에너지를 공급해주십니다. 기도하려고만 하면 수많은 생각과 잡념이 떠올라 집중하지 못했던 경험이 있을 것입니다. 그것은 지극히 정상입니다. 당신만 그런 것이 아니고 모든 성도가 그렇습니다. 기도하려고만 하면 사단이 수많은 잡념의 모기떼를 우리 마음에 넣어서 기도를 시작하지 못하게 합니다. 기도를 시작한다 해도 잘 풀리지 않습니다. 자꾸 말이 엉키고 중언부언하며 버벅거리게 됩니다. 그런데 거기서 중단하면 우리는 사단에게 지는 것입니다. 처음에는 뻑뻑하고 메마르며 생각이 잡히지 않을지라도 계속해서 기도하십시오.

이것은 마치 펌프로 물을 퍼내는 것과 같습니다. 펌프를 통해 깊은 땅속의 물을 끌어 올리기 위해서는 마중물을 부어야 합니다. 바가지로 물을 펌프에 부어놓고 압축을 해야 밑에 있는 물이 따라 올라옵니다. 밑에 있는 물이 따라 올라오기 시작하면 그때부터 펌프질은 즐거운 경험으로 바뀝니다. 그전까지는 팔이 떨어지도록 펌프질을 할 수밖에 없습니다. 이처럼 우리가 일단 기도를 시작하면, 마중물로 땅속 물을 끌어 올리듯 성령님이 기도에 집중할 수 있게 하시고 힘을 주시며 기도가 하늘 보좌에까지 이르도록 에너지를 공급해주십니다.

또 다른 비유를 들어보자면 이것은 비행기가 이륙할 때와도 같습니다. 비행기에 얼마나 많은 사람이 탑니까? 체중과 짐 무게까지 백 킬로그램 이상인 수백 명이 타고 있고, 거기에 연료와 화물, 승객들이 먹을 음식과 마실 물까지 실려 있습니다. 그렇게 무거운 비행기가 지상을 박차고 올라갈 때 지구의 중력을 이기기 위해 처음에는 있는 힘껏 활주로를 달려야 합니다. 나는 비행기가 이륙할 때마다 죽을힘을 다하는 것같이 느낍니다. 그러나 빠른 속도로 달리다 보면 위로 뜰 수 있는 양력을 얻게 됩니다. 추진력과 양력 두 가지 힘을 사용해 육중한 비행기가 하늘을 날 수 있는 것입니다.

기도가 그렇습니다. 성령님이 인도하고 생각을 바꾸어주며 주께해야 할 말을 넣어주심으로써 우리 기도가 그리스도의 기도가 되고 그리스도의 기도가 우리 기도가 되는 것입니다. 성령의 능력을 힘입을 때 노역 같았던 기도가 주님과 즐거운 데이트를 하는 통로가 됩니다. 그래서 기도할 말이 생각나지 않거나 엉키고, 잡념이 떠올라도 기도를 중단해서는 안 됩니다. 물이 끌려 올라올 때까지 펌프질을 하듯, 비행기가 양력을 얻을 때까지 질주하듯, 주님이 기도를 시키시면 거기에 순종하는 것이 중요합니다. 성령님은 반드시 당신의 기도를 힘 있게 하십니다.

이끄심

둘째, 성령 안에서 기도한다는 것은 성령이 기도를 이끄시는 대로 따라가라는 것입니다. 성령님은 나의 기도를 하늘에 접속시키고 연결하실 뿐만 아니라 하나님의 뜻에 맞게 내 기도를 손질하십니다. 기도를 손질한다는 것이 무슨 뜻인지 이해할 수 있습니까? 기도를 계속하다 보면 이런 생각이 떠오를 때가 있습니다. '그렇게 기도하는 건 아닌 것 같다.' '이렇게 기도하는 게 옳을 것 같다.' 그렇게 기도가 교정되거나 새로 기도할 방향을 깨닫기도 합니다. 이는 모두 성령님이 하시는 일입니다. 그런데 우리는 얼마나 많이 나 중심적이고, 인간적인 욕심에 눌린 기도를 드리는지 모릅니다. 우리의 제한된 안목이 성령님이 인도하시는 기도를 방해하는 것입니다.

타임머신을 타고 요셉이 살았던 시대로 가서 억울하게 감옥에 갇힌 요셉을 만난다고 생각해봅시다. 당신은 그를 위해 어떻게 기도하겠습니까? "하나님, 요셉이 하루빨리 석방되게 도와주세요. 그의 의로움이 드러나고 그를 모함한 불의한 자가 처벌을 받을 수 있게 해주세요." 나 같으면 그렇게 기도하겠습니다. 그러나 하나님은 요셉이 17세에 감옥에 갇혀 30세에 풀려날 때까지 13년을 기다리셨습니다. 왜 그러셨습니까? 그 감옥은 요셉이 처벌받는 곳이 아니라 목동 출신이었던 그가 한 나라를 경영하는 법을 배우는 정치 수업장이자 지도자 훈련소였기 때문입니다. 그리고 서른이 되서야 공직에 진출할 수 있었습니다. 이처럼 우리 생각이 하나님의 계획과 다를 수 있습니다. 그래서 성령님은 우리 기도를 교정하고 손질해주십니다.

만약 지금 당신이 아파서 죽어가는 나사로의 집에서, 눈물을 흘리며 슬퍼하는 그의 누이들을 위로해주어야 한다면 뭐라고 기도하겠습니까? 나 같으면 이렇게 기도하겠습니다. "즉시 열이 떨어지고 낫게 해주세요. 제발 나사로가 후유증 없이 일어나게 도와주세요. 그가 완전히 낫는 기적을 보여주세요." 그러나 예수님은 그 간절한 기도를 4일이나 못 들은 척하셨습니다. 부패한 나사로의 몸에서 썩은 물이 나오고 냄새가 진동하는 때가 되서야 거기에 가서서 그 기도를 들어주셨습니다. 4일이나 기다린 것은 예수님이 죽은 자를 다시 살리는 생명과 부활의 주인이심을 보여주기 위해서였습니다.

만약 당신이 예수님이 십자가에 못 박히시던 자리에 있었다면 무엇이라고 기도했겠습니까? 나 같으면 이렇게 기도했을 것 같습니다.

"우리 예수님이 못 박히시지 않게 도와주세요. 그분이 이 잔인하고 수치스러운 고난을 겪으실 이유가 없습니다. 여기서 벗어나실 수 있도록 도와주세요." 그러나 하나님의 계획은 그렇지 않았습니다. 예수님이 십자가에서 우리의 모든 죄를 다 담당하고 돌아가시지 않았다면 죄에 빠진 인류는 구원받지 못했을 것입니다. 이렇게 우리가 드리는 기도는 끝도 한도 없이 나 중심적이고, 제한된 안목으로 방해를 받습니다. 그런 우리의 기도를 바른길로 인도해주고 다듬으시는 분이 바로 성령님이십니다.

성경은 말합니다. "이와 같이 성령도 우리의 연약함을 도우시나니 우리는 마땅히 기도할 바를 알지 못하나 오직 성령이 말할 수 없는 탄식으로 우리를 위하여 친히 간구하시느니라 마음을 살피시는 이가 성령의 생각을 아시나니 이는 성령이 하나님의 뜻대로 성도를 위하여 간구하심이니라"(롬 8:26-27).

그러므로 성령이 내 생각과 기도를 이끌어가시도록 맡기며 성령 안에서 기도해야 합니다. 무엇을 위해 혹은 누구를 위해 어떻게 기도할지는 성령님이 이끌어주십니다. 그렇다면 성령으로 기도하려면 어떻게 해야 할까요?

먼저 성령의 인도를 구하라

첫째, 기도를 본격적으로 하기 전에 먼저 성령의 인도를 구해야 합니다. 우리가 해결해야 할 문제와 현안은 그 뒤에 배치합니다. 무슨 기도를 하든 이렇게 기도해야 합니다. "성령님, 성령으로 충만할 수 있게 해주세요. 성령님, 제 기도를 인도해주세요."

이것은 내가 시골 중학교 예술제 연극에서 보았던 모습을 떠오르게 합니다. 그 연극에서 주인공을 맡은 형이 외워야 할 대사가 많고 길었습니다. 그래서 그가 대사를 잊어버릴 경우를 대비해 무대 뒤에서 감독 선생님이 대본을 들고 서 있었습니다. 배우가 대사를 잊어버리거나 버벅거리면 무대 뒤에서 낮은 소리로 그 부분의 대사를 읽어주었습니다. 성령님은 우리에게 그런 분이십니다. 그러므로 감사 기도나 회개 기도, 간구하는 기도나 중보기도나 어떤 기도를 드리든 가장 먼저 성령 충만과 성령의 인도하심을 구해야 합니다.

성령의 지배 아래 머물라

둘째, 성령님의 지배 영역에 계속 머물러야 합니다. 케네스 웨스트라는 신약 학자는 유다서 1장 20절 "성령으로 기도하며"(pray in the Holy Spirit)에 사용된 헬라어 전치사 '*en*'(우리말로 '으로', 영어로 'in')이 어떤 행위가 일어나는 영역 혹은 어떤 것이 포함되거나 위치한 장소를 나타낸다고 설명합니다.* 그러므로 성령으로 기도하라는 말은 성령의 임재와 지

---

* Wuest K. S., *Wuest's word studies from the Greek New Testament: for the English reader* (Eerdmans, 1997).

배 영역 안에서 기도하라(in the sphere of the Holy Spirit)는 뜻이라고 말할 수 있습니다. 이 설명은 와이파이 권역을 생각하면 이해하기 쉽습니다.

내가 유학하던 시절만 해도 070 전화나 핸드폰이나 카톡이 없었습니다. 국제 전화비가 얼마나 비싼지 부모님께 자주 전화도 못 했습니다. 그래도 일 년에 두 번, 추석날과 설날에 국제 전화를 했습니다. 온 가족이 모여 있을 시간이 언제일지 정확하게 계산해 전화를 걸었습니다. 그러면 거기에 대고 각 사람이 인사말이나 덕담을 한마디씩 합니다. 그러고는 어머니와 마지막으로 통화합니다. "얘야, 이제 끊어라. 전화세 많이 나간다." 30년도 안 된 과거에는 그랬지만, 지금은 어떻습니까? 세계 어느 나라에 있든지 와이파이가 잡히는 곳에서는 누구와도 공짜로 통화할 수 있습니다. 가족이 보내주는 문자를 다 읽을 수도 있습니다. 와이파이가 잘 잡히는 곳에서는 화상 통화까지 할 수 있습니다. 이 모든 통화를 무료로 할 수 있으나 한 가지 중요한 조건이 충족되어야 합니다. 반드시 내가 와이파이 영역에 있어야 한다는 것입니다.

기도하는 순간이 그런 때입니다. 우리는 늘 성령의 영적 전자장이 내 기도를 덮고 있는지 확인해야 합니다. 와이파이 영역을 벗어나면, 무료로 문자도 보낼 수 없습니다. 그러므로 성령으로 충만하고 항상 그것이 유지되도록 기도하며, 성령 안에서 기도하는 법을 배워가야 합니다. 이것은 요령이 아닙니다. 절대 강의나 책으로 배울 수 없습니다. 수영이나 자전거 타기나 요리를 직접 하면서 배우는 편이 더 좋은 것처럼 성령으로 기도하는 일도 직접 하면서 배우는 것이 좋습니다.

　날마다 기도하다 물이 올라오려 할 때쯤 펌프질을 그만두는 어리석은 습관을 버려야 합니다. 물이 올라와서 넘칠 때까지 펌프질하듯이 기도해야 합니다. 기도하는 사람만 성령 안에서 하는 기도의 즐거움과 재미가 무엇인지 압니다. 앞의 열다섯 가지 원리로 기도를 바로 세웠어도 성령 안에서 기도하는 법을 배우지 못하면 그것은 모두 작동하지 않을 것입니다. 날마다 더욱 성령 안에서 기도하고, 그 즐거움을 누리는 멋진 크리스천으로 살아가기를 축복합니다.

나오는 말

긴 여행에 수고 많으셨습니다. 바른 기도를 세우기 위한 이 여행이 당신이 읽은 책 중 하나로 끝나지 않기를 바랍니다. 책을 덮었어도 기도를 세우는 여행은 평생 지속하기를 바랍니다.

예수님이 말씀하신 두 건축자의 비유를 기억하십시오. 한 명은 반석이 나오도록 땅을 깊이 파고 그 반석 위에 주초를 세워 집을 지었습니다. 시간도 오래 걸리고 힘도 많이 들었습니다. 그러나 거센 바람이 불고 홍수가 났을 때도 그 집은 끄떡없었습니다. 예수님은 말씀을 듣고 행하는 자가 그와 같다고 말씀하셨습니다. 다른 한 명은 모래 위에 집을 지었습니다. 집짓기가 빠르고 쉬웠습니다. 그러나 홍수가 나자 집은 한순간에 무너져버렸습니다. 주님은 말씀을 듣고 행하지 않는 자가 그와 같다고 말씀하셨습니다. 두 건축자의 차이는 무엇입니까? 간단합니다. '실행'입니다.

60대에 들어서면서 어느새 불룩 나온 배가 늘 마음에 걸렸습니다. 내 딸이 어렸을 때 그런 미국 사람을 보면 '항아리 배'(pot valley)라고 킥

킥댔는데 내가 꼭 그런 꼴이 되어버렸습니다. 양복을 입어도 단추가 잘 채워지지 않고 옷매무새도 없어졌습니다. 그런데 어느 날 이 문제를 해결할 묘안을 발견했습니다. 항아리 같은 배를 초콜릿 복근이 있는 배로 만들어주는 스마트폰 앱이 있었던 것입니다. 그 앱은 지금도 내 핸드폰에 잘 깔려 있습니다. 그런데 내 배는 여전히 항아리 배입니다. 왜인지 그 이유가 짐작이 가지 않습니까? 바로 '실행'이 없었기 때문입니다.

모든 레슨이 그러하듯이 기도에 관한 레슨도 실행하지 않는다면 아무 소용이 없습니다. 당신이 이 책을 열 번 읽는다고 해도, 실행하지 않으면 아무런 변화가 없을 것입니다. 어떻게 해야 합니까? 그냥 실행하십시오. 나이키 광고에 나오듯이 "그냥 하십시오"(Just Do It).

이 책에서 다루는 열여섯 개 부사 모두를 한꺼번에 실행하려면 오히려 태산 같은 부담에 기도할 엄두가 나지 않을 것입니다. 다시 이 책 맨 앞 차례를 펼쳐 보십시오. 열여섯 개 부사 앞에 네모 칸이 있는 이유가 무엇인지 이제 알겠습니까? 그것은 책의 디자인 때문에 있는 네모가 아닙니다. 가장 절실하게 와 닿은 부사부터 실행하도록 돕는 체크 칸입니다. 혹은 꼭 배워야 하는데 몰랐던 부분을 체크할 수도 있습니다. 가장 생소하다고 느꼈던 장부터 번호를 매기십시오. 그리고 그 번호에 따라 해당 장을 읽고, 장 맨 뒤 여백에 구체적으로 어떻게 실천할지 메모하십시오. 그리고 그대로 실행하십시오. 그 부분이 몸에 익을 때쯤 또 다른 장으로 넘어가면 됩니다. 당신이 그렇게 실행해준다면 이 책은 당신의 기도를 세우는 도구로 쓰임 받는 영광을 입을 것입니다. 나 역시 당신의 기도를 복되게 세우시는 주님의 동역자로서 영광을 얻게 될 것입니다. 예수님이 복 주시길 소원합니다!

끝으로, 이 책을 쓸 때 일일이 출처를 밝히기 어려운 여러 주석과 도서, 인터넷 자료를 참고했음을 밝힙니다.